CONSTRUINDO UM NOVO AMANHÃ

ANTONIO SERGIO BIANCO

CONSTRUINDO UM NOVO AMANHÃ

Ensinamentos do Espiritismo

© 2020 - Antonio Sergio Bianco
Direitos em língua portuguesa para o Brasil:
Matrix Editora
www.matrixeditora.com.br

Diretor editorial
Paulo Tadeu

Capa, projeto gráfico e diagramação
Allan Martini Colombo

Revisão
Silvia Parollo

CIP-BRASIL - CATALOGAÇÃO NA PUBLICAÇÃO
SINDICATO NACIONAL DOS EDITORES DE LIVROS, RJ

Bianco, Antonio Sergio
Construindo um novo amanhã / Antonio Sergio Bianco. - 1. ed. - São Paulo: Matrix, 2020.
96 p.; 23 cm.

ISBN 978-85-8230-626-0

1. Espiritismo. 2. Vida espiritual. I. Título.

19-61968
CDD: 133.9
CDU: 133.9

Meri Gleice Rodrigues de Souza - Bibliotecária CRB-7/6439

Sumário

Agradecimentos 7
Prefácio 9
Apresentação 11
Construindo 13
Religião 14
Leis do Universo 16
Equilíbrio e desequilíbrio 17
Ação e reação – causa e efeito 18
Livre-arbítrio 18
O bem e o mal 18
Progresso e desenvolvimento espiritual 19
Reencarnação 19
Carma 20
Amor ao próximo 20
Caridade 21
Trabalho 21
Reprodução 21
Deus 23
Primeira parte 25
Explicando I 26
Padrão de sintonia 26
Percepção das vibrações 27
Segunda parte 35
Explicando II 36

Porto seguro – nosso lar _____ 36

Culto cristão no lar _____ 38

Espírito, perispírito e matéria _____ 42

Vampirismo _____ 44

Aborto _____ 45

Suicídio _____ 46

O Terceiro Milênio _____ 49

Maturidade _____ 49

Expiação, provas – regeneração _____ 49

Oração _____ 52

Como orar? _____ 54

Quando orar? _____ 55

Onde orar? _____ 56

Terceira parte _____ 59

Explicando III _____ 60

Médiuns e as casas espíritas de caridade _____ 60

Mediunidade – médium _____ 60

Centro Espírita _____ 63

Guerra espiritual _____ 65

Orar e vigiar _____ 67

Casa Espírita _____ 68

Luz divina _____ 70

Evangelização infantil _____ 70

Preparo do ambiente _____ 71

Trabalho em equipe _____ 74

Preparação dos médiuns _____ 75

Jesus - O Cristo Consolador _____ 84

Sermão da Montanha _____ 84

Bibliografia _____ 95

Agradecimentos

*Ao meu mentor e guia espiritual, pela paciência e perseverança.
Aos meus pais, pelo exemplo, educação e amor.
À minha família, pelo apoio e compreensão.
Ao Índio amigo, pela proteção.*

Aos mentores do IECIM – Instituto Espírita Cidadão do Mundo, dr. Adolpho, dr. William, dr. Napoleão, pela confiança, paciência e carinho.

Ao amigo Laerson, pelas oportunidades e desafios propostos.

Aos amigos, colaboradores e voluntários do IECIM, pelo apoio e incentivo, especialmente a Fatima Fesombergh, pela dedicação e comprometimento.

PREFÁCIO

Foi no século XVII que o físico inglês Isaac Newton estabeleceu as leis da mecânica, estudando a dinâmica dos corpos materiais e celestes em movimento.

Essas leis passaram a mensurar as interações físicas entre todos os corpos.

Newton estudou também os efeitos da lei de gravitação universal. Estabeleceu assim o arcabouço matemático que permite construir edifícios, aeronaves e satélites em órbita.

Entre as leis de Isaac Newton destaca-se a terceira, que diz: "Para toda ação há uma reação". A reação, oposta e de igual intensidade, é o princípio de "ação e reação".

Os ensinamentos propostos neste livro pelo autor Antonio Sergio Bianco nos orientam a respeito do procedimento para colaborar na construção de um novo amanhã. Bianco enaltece as ações que devemos praticar, suas consequências e reações originadas.

Estamos no século XXI, passamos por inúmeras existências. Entre reencarnações, recebemos orientação sobre as oportunidades esclarecedoras, nos preparando para conseguir sucesso espiritual em uma nova existência. Ao reencarnar, estamos contemplados pelo planejamento, meio social, família e objetivos. Evoluir espiritualmente é o principal objetivo.

Um novo ciclo do planeta está acontecendo, é o momento, é chegada a hora para nossa preparação, para exercitar o coração, aprimorar os pensamentos, mudando nosso olhar para os ensinamentos de Jesus. O criador nos proporciona o livre-arbítrio, permitindo que possamos atingir maior grau evolutivo por mérito próprio.

Existem leis materiais e leis espirituais que são divinas, de amor, justiça e misericórdia. O progresso espiritual é motivado pelas escolhas. Erramos e acertamos, a proposta é acertar para evoluir. Modificar os pensamentos, conectar o bem de forma efetiva e realizar o planejado.

Construindo um novo amanhã evidencia a importância das escolhas, apresenta subsídios para entender os efeitos e suas causas e orienta-nos com brilhantismo em como e por que seguir os ensinamentos do Mestre Jesus. É uma leitura agradável, didática e metódica. Dividido em três partes, facilita a aprendizagem dos ensinamentos que enobrecem o espírito.

O autor evidencia a mensagem "Jesus Cristo Consolador". Enaltece o brilhante hino *O Sermão da Montanha*. Você está convidado ao estudo e à meditação

Proveitosa será a leitura. Certamente você terá a proteção dos mentores espirituais e do excelso Mestre Jesus.

Prof. Nelson Firmino

Apresentação

Após vinte anos de estudo e de prática da Doutrina Espírita Kardecista, dos quais doze trabalhando como médium, tive a primeira oportunidade de ajudar um amigo por meio da escrita: a sua vida agitada, o seu trabalho e espírito imediatista o impossibilitavam de ler os livros indicados e estudar a doutrina na velocidade necessária para o entendimento dos seus problemas e descoberta das soluções.

Nessa época, eu estava lendo o romance *Os rochedos são de areia*, de André Luiz Ruiz, pelo Espírito Lucius. No capítulo que explicava alguns princípios básicos do espiritismo, para facilitar o entendimento dos acontecimentos do romance, pude ter a confirmação da minha intuição – que é a necessidade de escrever, resumidamente e de uma forma simples e objetiva, sem ofender ou comprometer outras religiões, os princípios dos ensinamentos de Kardec.

Foi então que, usando como base as explicações desse romance, comecei a escrever o capítulo "Explicando 1ª Parte". Em seguida, recebi por intuição os demais capítulos que mais tarde, por questão didática, foram enumerados na forma atual.

Com este trabalho, espero despertar nos leitores sua "verdade interior" inerente, e possibilitar, dentro da necessidade evolutiva de cada um, a pesquisa mais detalhada. Como ponto de partida, recomendo a leitura dos livros citados no final deste trabalho que, a meu ver, são suficientes para responder a boa parte das nossas dúvidas e nos preparar para novos questionamentos e descobertas.

Antonio Sergio Bianco

Construindo

Religião
Leis do Universo
Deus

Religião

Para definirmos religião sem comprometer, comparar ou questionar as diversas religiões existentes é preciso entender o verdadeiro significado da palavra e o seu objetivo maior.

A religião é o veículo que transporta, é a ferramenta que lapida, é o instrumento pelo qual temos condições de desenvolver, progredir e evoluir o que é realmente importante: a fé inabalável, a "fé que move montanhas", a fé que nos leva a DEUS.

Infelizmente, o ser humano esquece que todas as religiões foram criadas por Ele, em épocas e períodos evolutivos diversos do nosso planeta, portanto seguem as imperfeições, as limitações, as tendências, os erros de interpretação do homem, que prioriza a religião, levando-o muitas vezes ao fanatismo.

As religiões evoluem com o tempo e o grau de maturidade de nosso planeta. Cada um escolhe a religião com a qual mais se identifica, mais se adapta e responde às suas dúvidas e questionamentos. Portanto, a melhor religião é aquela que nos proporciona condições de desenvolvimento de nossa fé interior.

Para que nossa fé interior, individual e particular se transforme em "fé inabalável", não podemos ter dúvidas. Temos que ter respostas para tudo que ocorre à nossa volta, com nossa família, com a natureza, com nosso planeta, com o Universo, temos que conhecer, entender e aceitar as "Leis do Universo".

Deparamo-nos, então, com os primeiros obstáculos a serem transpostos, criados pelas nossas próprias religiões, com suas limitações, seus dogmas, rituais, misticismos, imposições etc.

Devemos ter um espírito aberto, para que possamos identificar na religião que escolhemos (praticamos) quais são suas limitações, e buscar as respostas dentro de nós mesmos, observar e assimilar as lições da vida, da natureza, do dia a dia, procurando identificar nessas lições as leis que regem o Universo. Devemos conhecer outras religiões e filosofias de vida, para extrair delas aquilo que nos completa. Para isso, devemos meditar, buscar no silêncio o equilíbrio necessário para a sintonia com as vibrações positivas e elevadas para obter, intuitivamente, as respostas.

LEIS DO UNIVERSO

As Leis do Universo, independentemente de religião, povo, país ou planeta, são perfeitas, simples, objetivas e imutáveis, pois regem tudo que existe, tudo que está à nossa volta, incluindo nós mesmos. Por isso, não podem ser moldadas conforme a necessidade do homem e da humanidade; ao contrário, o homem e a humanidade devem conhecer os princípios básicos das leis, para que possam conquistar o progresso e o desenvolvimento espiritual.

Para identificar esses princípios, que possibilitarão entender, aceitar e praticar as Leis do Universo, devemos observar de maneira criteriosa, sem preconceito, tudo que nos cerca e acontece no nosso dia a dia: na natureza, a interação entre os reinos animal, vegetal e mineral; a influência e as forças que interagem entre os planetas, as galáxias e constelações, e a semelhança com as forças intrínsecas dos átomos; meditarmos sobre a evolução da humanidade, seus acertos, erros e consequências; analisarmos a nossa vida atualmente na matéria, com seus obstáculos, dificuldades e "coincidências"; meditarmos sobre as intuições e pressentimentos que todos nós possuímos, as habilidades inatas, as afinidades, simpatias e antipatias que experimentamos com pessoas que acabamos de conhecer.

Com essa prática de observação, iremos certamente nos deparar com situações e acontecimentos que nos levarão a meditar sobre:

- Equilíbrio e desequilíbrio
- Ação e reação – causa e efeito
- Livre-arbítrio
- O bem e o mal
- Progresso e desenvolvimento espiritual

- Reencarnação
- Carma
- Amor ao próximo
- Caridade
- Trabalho
- Reprodução

Equilíbrio e desequilíbrio

O Universo, em sua imensidão e perfeição, tende ao *equilíbrio*. Quando nos questionamos sobre atitudes tomadas ou que pretendemos tomar, e ficamos em dúvida se tais atitudes estão certas ou erradas, é importante analisar suas consequências: se houver *desequilíbrio*, então está ERRADO. Logo, chegamos à conclusão de que muitos dos atos que praticamos no calor da emoção, cheios de razão, com sede de justiça – aparentemente corretos –, na realidade estão errados. A nossa certeza causou um *desequilíbrio* tão grande que deveremos, então, tomar novas atitudes no sentido de restaurar o *equilíbrio*, ou nos preocuparmos de tal forma que a ação que iremos praticar não deverá causar aos envolvidos nenhum tipo de constrangimento, mágoa ou injustiça; há diversas maneiras de realizar uma mesma ação. Procuremos, então, a mais equilibrada.

Com a maturidade do nosso espírito, entenderemos que
"O importante é ser feliz, e não o ter razão!"

Vamos perceber que na maioria das vezes que temos "razão", a imposição de nossas certezas vai nos causar decepções e tristezas em vez de bem-estar, e incompreensão por parte de quem foi afetado por nossas palavras ou atos. Isso ocorre pelo fato de que nossos valores, nossas certezas, nosso caráter, nossa paz de espírito e nosso equilíbrio devem ser conquistados e não impostos. As pessoas que estão à nossa volta devem repensar suas atitudes e rever seus atos pelo exemplo que damos, por prazer e não por obrigação ou imposição.

Ação e reação – causa e efeito

Toda *ação* que praticamos causa uma *reação*. Se essa ação for boa, sua reação também será. Se essa ação for ruim, devemos arcar com suas consequências e o efeito dessa reação. Portanto, concluímos que não existe "pecado" ou "castigo divino", mas simplesmente a constatação de uma lei.

Livre-arbítrio

DEUS, na sua perfeição, deu ao homem o direito de escolha, as condições para que ele – com sua inteligência, discernimento, racionalidade e intuição – pudesse decidir por qual caminho seguir, com possibilidades de se libertar das influências negativas e perturbações espirituais, possibilitando o livre-arbítrio.

O bem e o mal

Todos nós, espíritos em desenvolvimento, independentemente do grau evolutivo que possuímos, temos condições de identificar, entender e, pelo nosso livre-arbítrio, optar pelo *bem* ou pelo *mal*, com a conscientização de que as responsabilidades e as consequências são exclusivamente nossas.

Essa lei pode ser resumida em "Fazer o bem e esquecer, fazer o mal e pensar".

Progresso e desenvolvimento espiritual

A lei do *progresso e desenvolvimento espiritual* nos mostra a necessidade de evoluir, subindo passo a passo os degraus da espiritualidade por meio das sábias palavras: estudo, conhecimento, prática, trabalho, amor e caridade. *O progresso e desenvolvimento espiritual* ocorre pelo amor ou pela dor, pois se não trabalharmos em nosso próprio progresso a vida irá criar condições, dificuldades, limitações, obstáculos, enfim, situações que irão possibilitar o exercício e a constatação de nosso aprendizado.

Reencarnação

Reencarnação é a possibilidade que temos, com a bênção do esquecimento, de ressarcir dívidas, lapidar nosso espírito, combatendo nossos vícios, fraquezas e paixões.

Reencarnação é a oportunidade de estreitar laços afetivos e de amor, de restabelecer o equilíbrio ao lado de espíritos reencarnados junto de nós, que poderiam ter sido nossos inimigos ou nossas vítimas, e hoje temos a oportunidade e a nova chance de aprendizado e desenvolvimento das necessidades do nosso espírito em evolução.

A pluralidade das nossas existências sucessivas na matéria para resgatar nossos erros por meio de novas provas é a confirmação da justiça divina.

"Não sabemos as vidas que já vivemos, porém podemos determinar a espécie de nossas futuras vidas."

Carma

A conscientização da necessidade de reencarnação para nossa evolução espiritual nos leva ao entendimento do *carma*, onde a limitação, a deficiência, a injustiça, a dificuldade, os obstáculos a serem transpostos, o fardo criado por nós mesmos por meio de nossas atitudes desequilibradas e do desrespeito pelo nosso corpo material, são as bênçãos de Deus que possibilitam o resgate de nossas dívidas nas muitas existências na matéria. Lembremos que nosso planeta ainda é de expiação e de provas.

Amor ao próximo

JESUS nos ensinou a *"Amar a DEUS sobre todas as coisas e amar ao próximo como a si mesmo"*. Portanto, nesta máxima de Cristo, encontramos um dos caminhos para a evolução do nosso planeta, que é de expiação e de provas, para um mundo de regeneração.

A chegada do terceiro milênio é o marco do início dessa evolução planetária, que não ocorrerá de maneira brusca, pois segue a marcha evolutiva da humanidade.

É a época de separar "o joio do trigo". É a época dos expurgos. E a época de grandes catástrofes naturais, doenças, epidemias, guerras, grandes desencarnes coletivos, das migrações de espíritos que reincidem em seus erros para planetas menos evoluídos, pois o nosso orbe não comporta mais tanto desequilíbrio e desigualdade.

Somente permanecerão na Terra os espíritos que têm condições de acompanhar o novo período evolutivo do nosso planeta – é a história de milênios atrás se repetindo quando dos exilados da Capela, onde na linguagem figurada temos Adão e Eva.

Caridade

Quando escutamos que *"fora da caridade não há salvação"*, é importante entender que a caridade não é somente o ato de darmos uma esmola para quem necessita. É também darmos a possibilidade de evolução para o nosso irmão que necessita, por meio da palavra amiga e consoladora nas horas difíceis, a oração pura e sincera por ele, atitudes altruísticas e voluntárias, como *alimentar e vestir os pobres, visitar os presos, os enfermos, os asilos, os orfanatos*, fortalecendo assim a nossa paz interior, criando condições favoráveis para continuarmos na nossa marcha evolutiva.

Trabalho

O *trabalho* é a ferramenta abençoada por Deus que permite o nosso progresso, a nossa maturidade ao exercitar a nossa capacidade física, intelectual e espiritual, ao adquirir conhecimentos e habilidades que nos serão úteis nas nossas encarnações futuras.

Reprodução

A *reprodução* é a possibilidade de os espíritos reencarnarem. É a nova oportunidade que temos na matéria de pôr em prática tudo aquilo que aprendemos anteriormente. Portanto é um ato abençoado por Deus e não deve nunca ser banalizado, menosprezado ou confundido com, por exemplo, a mera consequência de um desejo sexual. Entender sua grandiosidade e necessidade é sinal de maturidade espiritual.

Esses são apenas alguns temas abordados com o único propósito de despertar no leitor a curiosidade de identificar as Leis do Universo que, apesar de serem perfeitas e imutáveis, têm valores diferentes para cada um de nós, devido às necessidades, diferenças espirituais e grau evolutivo em que nos encontramos.

"Palavras, pensamentos, conceitos, aconselhamentos, observações, exemplos, acontecimentos, facilidades, obstáculos, limitações, doenças, leituras, caridade... a VIDA. Serão assimilados, compreendidos e aceitos de formas diferentes por cada um de nós. Isso é salutar e providencial, devemos sempre pensar, meditar e só quando estivermos convictos de nossos valores e praticarmos aquilo em que acreditamos, estamos prontos para começar a entender e praticar o evangelho de JESUS e compreender que o nosso espírito imortal é uma centelha divina."

DEUS

"Quando o homem procura DEUS fora de si mesmo, ele pode pensar Nele, orar para Ele, amá-lo de todo o coração, mas nem por isso tornar-se mais próximo de DEUS, pois em sua busca no exterior o ser humano nunca poderá encontrá-lo!"

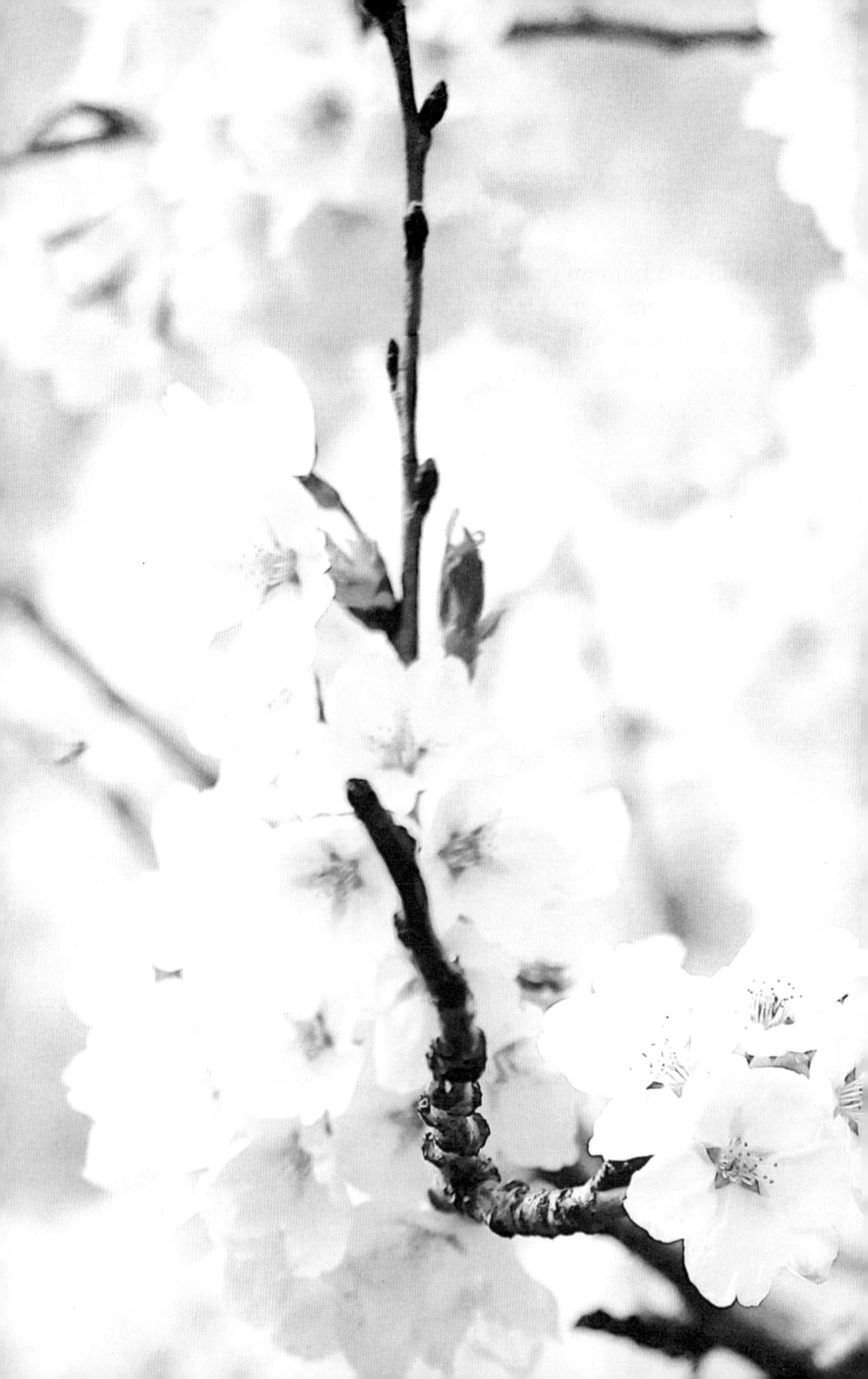

Primeira parte
EXPLICANDO I

Explicando I

O ser humano não tem o hábito de fazer autoanálise para enxergar suas fraquezas, suas paixões, suas limitações, qualidades e aptidões.

Não se conhecendo, os seres humanos são presas fáceis deles mesmos, abertos a todo tipo de deslizes e de comportamentos que produzem vibrações desajustadas, plasmando formas e pensamentos que lhes denunciam as próprias emanações energéticas e vias de consequência, abrem as portas mentais para todo tipo de influências negativas, perturbações e espíritos igualmente necessitados e ignorantes que se achegam não como invasores, mas sim como convidados.

Conhecimento interior, pensamento elevado, fé em Deus, seguir os passos e os exemplos de JESUS, o Cristo Consolador, a oração sincera, atitudes generosas, leituras sadias e inspiradoras, ideais pelos quais se luta sem esmorecer, todos eles são recursos indispensáveis para que a antena sensível do homem esteja voltada para outra faixa de captação e dela saberá extrair as divinas mensagens, os estados de alma elevados, a visão mais longa sobre as contingências adversas que o visitam para adestrá-lo.

Padrão de sintonia

O que diferencia um homem do outro não é o padrão social, a raça, a religião, a cultura, o defeito físico, a doença, o poder... O que diferencia um homem do outro é justamente a maneira de enfrentar os desafios da vida e o padrão de sintonia que escolher para si. Tudo mais são condições, conquistas, oportunidades e escolhas (livre-arbítrio) que nos dão condições para o nosso progresso e desenvolvimento espiritual.

Percepção das vibrações

No plano espiritual, as estruturas vibratórias denunciam o estado interior de cada ser humano pelo nível de emissões luminosas e de formas-pensamento, que se cristalizam ao redor de cada um e que pela persistência e duração ganham vida própria.

Além disso, aos padrões vibratórios de cada emissor se associam, por atração, os espíritos que com eles também se afinam, numa estrutura de sintonia como uma "teia de fios pensamentos" invisíveis no plano material, ligando um ao outro, passando, ambos os lados da vida – visível e invisível –, a viver em regime de simbiose, chegando a confundir-se nos desejos, inclinações e atitudes.

O grau de ligação dependerá da afinidade entre os envolvidos. Por exemplo, se estiveram juntos em encarnações anteriores, enfrentando provas; ou na atual encarnação, se um desencarnou antes e sente-se ainda atraído pelo amigo, companheiro, companheira ou ente querido; ou ligado ao algoz ou inimigo – muitas são as possibilidades que fortalecem ou enfraquecem essas ligações, atenuam ou intensificam as ações dessas "mentes intrusas", as quais poderão, dependendo da natureza das vibrações emanadas, ajudar ou atrapalhar a marcha evolutiva de cada espírito encarnado.

Notadamente, quando se fala de vibrações inferiores, o tipo de entidade espiritual que ao espírito encarnado se vincula e por ele é atraído propicia ao encarnado uma quase sufocação psíquica. Por serem espíritos muito ignorantes e sem princípios elevados de vida, se valem dos recursos mais torpes de domínio, acreditam estar em vigor os mesmos tipos de conduta e os mesmos métodos com os quais dominavam os que os rodeavam durante a sua vida física.

Os espíritos que se aproximam dos encarnados que – invigilantes – se mantêm na órbita dos interesses mesquinhos e imediatistas, sobre eles vão estabelecendo uma teia de influências, aproveitando-se das tendências próprias dos encarnados. Utilizam-se de suas faculdades sensíveis para produzir uma vasta rede de perturbações que começam sutilmente, mas com o decorrer do tempo vão jugulando as criaturas, impondo-se a elas pela pressão magnética que só pode ser rompida ao preço de uma radical modificação dos padrões mentais e comportamentais do encarnado.

Já os espíritos que se sintonizam com os encarnados, por se compatibilizarem com as vibrações elevadas e harmoniosas que estes possam ser capazes de emitir, pelo bem já acumulado em seu íntimo e pelo desprendimento com que vivem a vida material, ao contrário daqueles anteriormente referidos, são espíritos suaves e generosos que, longe de se imporem ou de se fazerem sentir por uma pressão tirânica, valem-se das intuições sutis, leves recordações que fazem surgir na mente do encarnado, brandas sugestões lançadas ao interior de seus pensamentos, para que ele próprio as possa assimilar, meditar sobre o conteúdo e, por si mesmo, aderir ao chamamento que lhe é feito pela amorosa solicitude invisível que o ampara.

Nesses casos, o encarnado não se vê preso a nenhuma violência, mal-estar ou inquietação, mas sim identifica a presença do amigo invisível por meio de um impulso generoso, de uma ideia que o estimula, de uma inclinação forte para realizar algo de bom. Por exemplo, tomar tal atitude, evitar tal procedimento, não chegar a limites perigosos, evitar certas companhias, tomar cuidado com os lugares que frequenta, agir com cautela, tudo isso na forma de sugestões ou alertas silenciosos que brotam no íntimo do ser.

Devemos prestar mais atenção aos sinais que nos são mostrados por intermédio de acontecimentos, intuições, pensamentos mais persistentes, sensações, e identificar qual tipo de "mente intrusa" estamos versando. Tais percepções não dependem de possuir esta ou aquela qualidade pessoal exclusiva, de ser privilegiado pelo Criador ou ser dotado de dom especial que lhe favoreça essa ligação.

Todos os seres são máquinas produtoras de fluidos mentais, por isso são igualmente dotados de receptores de tais fluidos, emitidos por eles mesmos e pelos outros, e, assim, todos são igualmente dotados de estruturas íntimas para que possam se colocar em sintonia e percebê-las, sejam as boas, sejam as não tão favoráveis.

Em geral, o que ocorre é que o encarnado deseja obter a chave desse mistério sem pagar o preço necessário para consegui-lo. Todos os seres podem identificar as intuições que lhes são endereçadas, mas, para que isso se dê, precisam amadurecer interiormente, buscar o autoconhecimento, identificar as próprias tendências, sentir onde estão as próprias falhas e as fraquezas pessoais, a fim de saber se as intuições que lhes chegam não são, na verdade, manifestações de sua própria personalidade.

Sem um padrão de conhecimento crítico e sincero de si mesmo, o encarnado não tem referencial seguro para não se deixar levar pelas impressões.

Além do mais, deverá conhecer as virtudes que possui, mesmo que em desenvolvimento, as boas tendências que habitam o seu íntimo, para poder trabalhar e ampliar o espectro.

Ao investir em si próprio, melhora a qualidade e a amplitude da antena receptiva, que poderá captar os sinais elevados que passam a ser identificados pelo encarnado que se aperfeiçoa.

Há sempre à nossa volta boas vibrações oriundas dos planos superiores e vibrações desajustadas e conflitivas provenientes das nossas redondezas e das concentrações mentais desajustadas que circundam o globo físico.

Para estarmos sintonizados com umas ou com outras, é necessário que nosso instrumental interno esteja calibrado pelas nossas observações e, assim, poderá ser usado num sentido ou em outro.

Eis aí o grande problema. O ser humano passa longo período de sua vida dissimulando as próprias tendências, enganando a si mesmo, fugindo de sua interiorização, deixando a autoanálise para mais tarde. Costuma chamar a avareza de previdência, o egoísmo de cautela, o desejo sexual de amor. Poucos se admitem ciumentos, e poucos ciumentos se aceitam errados. Muitos que não se deixam levar por essas crises doentias de afeto são tidos como pessoas indiferentes; para outros, que não conseguem despertar ciúme no parceiro, isso é encarado como falta de amor deste para com ele.

Engana-se o ser humano que não percebe que cresceu, que já é adulto, mas tem comportamentos que atestam a sua infantilidade espiritual.

Se são criticados, ofendem-se sem sequer se darem ao trabalho de analisar se a crítica é compatível ou procedente, quando deveriam mais agradecer do que maldizer quem lhe está fazendo o favor de abrir os olhos.

Quando se veem fustigados pelas dificuldades da vida ou pelas doenças, voltam-se contra o Criador, a quem atribuem as maldades de os fazerem sofrer, em vez de procurarem as verdadeiras causas para tais obstáculos e as ferramentas que possuem para transpor e construir um futuro de progresso e desenvolvimento espiritual.

Presentes sempre ao lado de seus tutelados, os amigos espirituais de todos os encarnados estão a postos nas horas cruciais e difíceis, nos destinos daqueles que tomaram como discípulos, para ajudá-los a enfrentar as adversidades e cumprirem as tarefas a que se comprometeram antes de reencarnar.

Isso porque não existe nenhum ser humano que venha à vida física, depois de experiências anteriores nas quais acabou fracassando, que não tenha se preparado para enfrentar os mesmos obstáculos e vencê-los definitivamente. Todo regresso ao mundo físico é precedido de uma preparação profunda e meticulosa no plano espiritual, que respeita – em primeiro lugar – a misericórdia do Criador, que não dá fardo mais pesado do que aquele que podemos carregar. Em segundo lugar, tal preparação leva em conta as necessidades do reencarnante, que precisará enfrentar determinados e específicos problemas para lapidar seu espírito fraco ou adormecido em determinadas áreas da experiência. Em terceiro lugar, a preparação indispensável visa fortificar a alma renascente por intermédio de cursos, estudo, aprendizado, tratamentos magnéticos, ministrados no plano espiritual para que possa estar qualificado para superar todas as dificuldades antes de nascer.

Tal avaliação para preparação pré-renascimento ocorre sempre, mesmo para os casos em que a reencarnação seja imposta ao indivíduo como único recurso para a sua melhoria.

Nos casos em que se trate de espírito com algum mérito evolutivo, este será conduzido a participar do processo de modelagem da nova experiência física que deverá enfrentar, com a escolha de corpos mais ou menos resistentes, experiências mais ou menos dolorosas ou laboriosas, organismos mais ou menos saudáveis, famílias mais ou menos difíceis etc.

De qualquer maneira, todos renascem com condições de superar as quedas, elevar-se sobre os degraus, saltar sobre os buracos, transpor todo e qualquer obstáculo à sua frente.

Por meio da oração sincera e do recolhimento íntimo, cada encarnado pode entrar em sintonia com esses amigos vigilantes e presentes em nossas vidas e que, longe de resolverem por nós os problemas que nos cabem solucionar, buscam infundir-nos boas ideias, pensamentos mais claros e estado de ânimo propício ao caminhar correto, dentro das necessidades evolutivas de cada um.

Todas as pessoas, sem dependerem de intermediário, ou de qualquer sensitivo especialmente dotado, podem ser seus próprios oráculos por meio da elevação interior, da confiança na bondade de Deus, na oração simples e sincera, que dispensa todas as fórmulas ritualísticas ou artificiosas para transformar-se tão somente na conversa franca entre o filho confuso e o Pai compreensivo e sábio.

Por isso, obtendo o silêncio interior, o ser reencarnado está abrindo condições para escutar as vibrações sutis que lhe tocam a alma e que, em forma de intuições, lhe aconselham sempre o melhor caminho, dentro da harmonia das leis do Universo.

Quando ligados ao mal, habituados a praticar o que não é adequado, nossa sintonia sofre a interferência de inteligências igualmente voltadas a desestruturar nossos passos, confundir nossas mentes, alvoroçar nossos sentimentos. A grande gama de espíritos sem lucidez ou sabedoria busca a manutenção de seus interesses mesquinhos e de suas sensações inferiores, aproximando-se dos encarnados que lhes permitam a companhia por terem as mesmas sensações ou tendências e, nestes casos, a intuição será sempre negativa.

Todavia, basta o encarnado ligar-se a Deus, seguindo os exemplos de Jesus, repudiando o mal, convicto e humilde, arrependido e autêntico, para que novas ligações magnéticas se estabeleçam com os planos mais elevados e com espíritos mais nobres que saberão propiciar-lhe as intuições necessárias para superar a si mesmo e encontrar o caminho.

Obs.: EXPLICANDO (1ª parte) foi inspirado no livro *Os rochedos são de areia*, pelo Espírito Lucius.

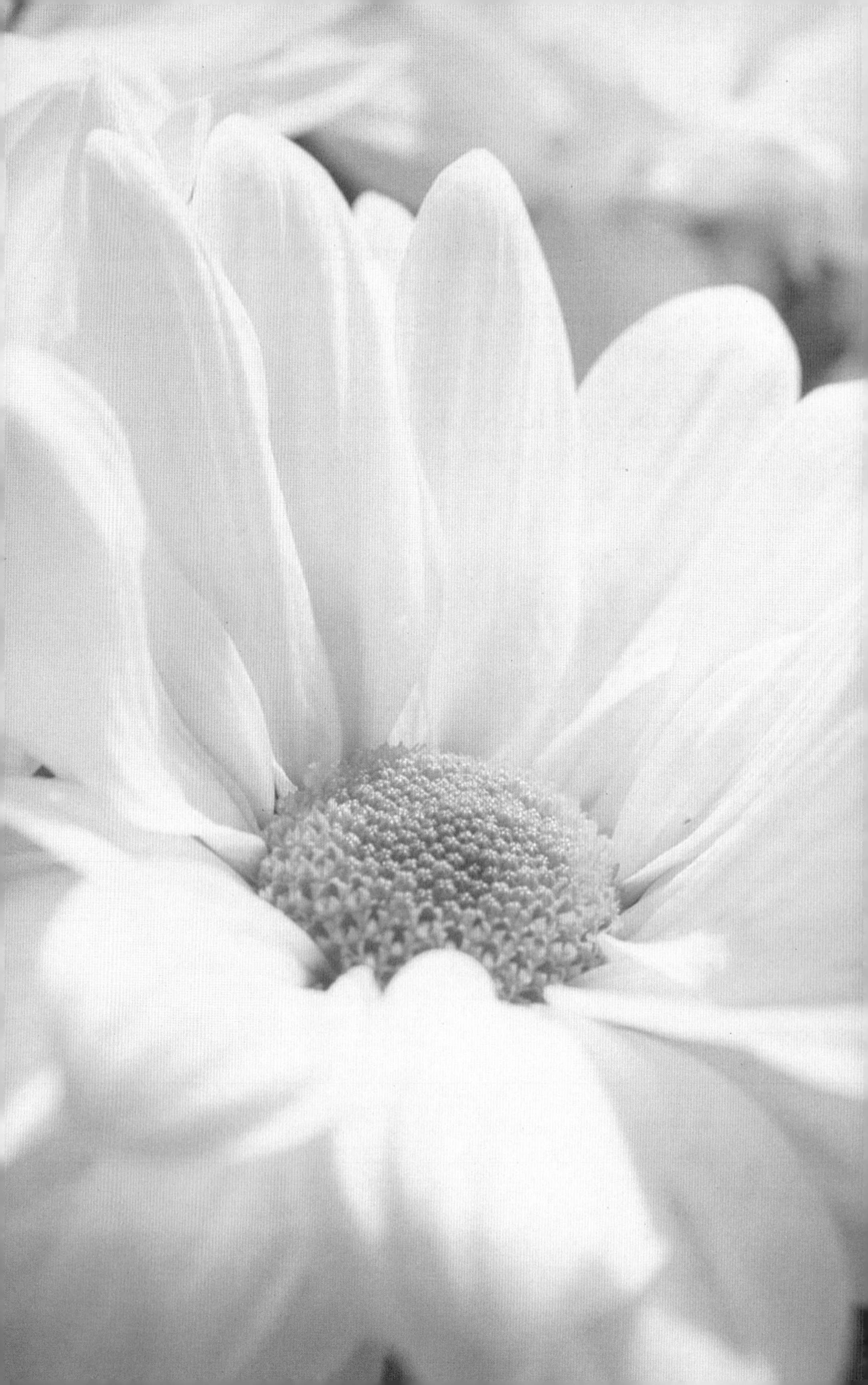

Segunda parte
Explicando II
O Terceiro Milênio
Oração

Explicando II

A felicidade é um estado de espírito que nos permite desfrutar tudo que a vida (material ou espiritual) tem de melhor a nos oferecer.

Não devemos confundir com um momento ou com uma situação passageira, pois, independentemente de onde estamos ou de como nos encontramos, temos sempre a condição de estarmos felizes. Pelo fato de sermos espíritos iniciantes na escala evolutiva, somos imediatistas, pessimistas, comodistas, valorizamos as dificuldades, os obstáculos e as limitações mais do que as nossas conquistas e vitórias, criando barreiras para a nossa felicidade.

Devemos, portanto, rever os nossos valores, atitudes e pensamentos, enxergando por outro prisma tudo que nos cerca.

Deus nos criou e nos dá condições para sermos felizes. Se assim não nos sentirmos, nossas atitudes e pensamentos estão equivocados ou insuficientes.

"O mais importante da VIDA é o DECIDIR."
Cora Coralina

Porto seguro – nosso lar

O lar é o nosso porto seguro, onde recarregamos nossas energias e restabelecemos o equilíbrio de nosso espírito, portanto temos a responsabilidade de manter as condições indispensáveis para o total aproveitamento dessa bênção de Deus.

Certas condições e atitudes são simples e eficazes, pois contribuem para afastar influências negativas e perturbações decorrentes do nosso dia a dia, criando assim a possibilidade de entrarmos em sintonia com o plano espiritual superior para receber toda a ajuda, proteção e esclarecimentos compatíveis com o merecimento e estado evolutivo de cada um de nós. Vibrar em uma frequência positiva e superior em um lar equilibrado irá despertar nossa capacidade intuitiva e desenvolver nossas habilidades espirituais, possibilitando transpor com segurança, confiança e facilidade os obstáculos que encontramos pela frente em nossa marcha evolutiva.

O objetivo básico é nos sentirmos bem ao entrar em nosso lar. Para tanto, devemos manter os ambientes limpos, organizados, arejados, iluminados, de preferência com luz natural, colocar algumas plantas e flores, pois serão elas as primeiras a absorver qualquer energia negativa que venha a penetrar em nossa casa. E se isso ocorrer, basta substituí-las por outras (funcionam como um filtro energético, sendo as flores brancas as mais sensíveis).

Para manter o equilíbrio no lar, é imprescindível que deixemos as discussões do lado de fora. Se não for possível, deveremos utilizar o jardim, a sala, mas nunca discutir ou brigar no quarto de dormir. E isso é o que geralmente acontece com os casais, pois é mais cômodo, após o desentendimento, virar cada um para o lado oposto e tentar dormir, apesar de toda a mágoa, tristeza e raiva. Esses sentimentos negativos criam um ambiente de desequilíbrio e desentendimento, justamente no local que deve ser o mais equilibrado da casa, com vibrações positivas e expressar a harmonia do lar. É através do sono que recuperamos as nossas energias e o nosso equilíbrio interior, é no quarto que geralmente os casais manifestam seu amor e geram uma nova vida, portanto um local sagrado que não pode ser transformado em arena ou campo de batalha.

Toda matéria absorve energia. Ter em casa roupas ou objetos pessoais que não utilizamos é manter um acúmulo de energia que geralmente irá nos prejudicar, pois no nosso dia a dia não nos preocupamos com certos detalhes que vão minando nosso estado de espírito. Devemos renovar e doar sempre; o desapego às coisas materiais é sinal de evolução, doar o que não usamos apesar de novo ou ser muito bom é um bom começo. Da mesma forma, para aqueles que apreciam móveis e objetos antigos, é importante conhecer a procedência, pois carregam as energias de seus usuários anteriores e, geralmente, é necessário neutralizar essa energia.

Por se tratar de um porto seguro, devemos selecionar as pessoas que convidamos para entrar em nosso lar, pois elas carregam o tipo de energia vibratória pertinente ao seu estado de espírito evolutivo. Seguir nossa intuição é a melhor ferramenta. Ao mantermos distantes sentimentos de inveja, cobiça, desprezo, estaremos contribuindo para o equilíbrio do nosso lar, e nunca devemos esquecer as palavras do mestre: "Orai e vigiai".

Contar nossos feitos e conquistas, num primeiro momento, é muito gratificante, mas na maioria das vezes atrai sentimentos negativos, como a inveja, que pode ser consciente ou inconsciente, mas que tem o mesmo efeito somente com intensidades diferentes. Sábio é aquele que comenta somente o necessário – e guarda para o aconchego do lar os verdadeiros amigos e a comemoração das vitórias. É importante entender que o fato de tornar públicos nossos objetivos alcançados não é errado, mas nos obriga a tomar certas atitudes e condutas no sentido de nos protegermos, sendo a melhor defesa a sintonia com o plano espiritual superior.

"Sábio é aquele que escuta."

Culto cristão no lar

O culto cristão no lar é a maneira mais eficaz para mantermos o equilíbrio, a harmonia e o nosso porto seguro. A periodicidade, a pontualidade e a frequência são imprescindíveis para o nosso máximo aproveitamento, aprendizado e colaboração do plano espiritual superior. Portanto, ao iniciarmos esse culto, devemos nos certificar de que sempre naquele dia e horário teremos condições de nos reunirmos em nome de Deus e de Jesus, e praticarmos o Evangelho no lar, com palestras edificantes, concentração e meditação elevada, criando um ambiente propício para a participação de nossos guias e mentores espirituais, sem os quais nada de produtivo poderíamos realizar. Vale salientar que, conforme a seriedade e o grau de desenvolvimento espiritual do culto no lar, este também é utilizado pelo plano espiritual superior para a ajuda e o esclarecimento de espíritos necessitados, que são atraídos para esse ambiente de luz, harmonia, fé e amor ao próximo. Ao escutarem as leituras e interpretação do Evangelho, acabam entrando em sintonia com os "obreiros da vida eterna" que se aproveitam desse local de oração e vibração positiva para orientar e esclarecer os irmãos necessitados. Portanto, enganam-se aqueles que acham que o culto cristão no lar é um aprendizado somente para o plano material.

Devemos iniciar o culto cristão no lar com uma oração que expresse o motivo da reunião e prepare o ambiente para entrarmos em sintonia com o plano espiritual superior, criando uma corrente de vibração positiva entre os participantes. Como exemplo, temos a oração a seguir:

"Mestre Divino, abençoa-nos a reunião nesta casa de paz e serviço. Por tua bondade e em nome do infinito amor de Deus, recebemos a sublime dádiva do trabalho regenerador. Concede-nos, Senhor, a assistência de seus abnegados emissários para que levemos adiante os nossos bons propósitos. Sabemos, divino Mestre, que sem as tuas mãos compassivas, a esperança esmorece à maneira de planta frágil sem a bênção do sol. Mestre, somos tutelados seus, embora permaneçamos no cárcere da matéria.

Ajuda-nos a socorrer nossos irmãos encarnados ou desencarnados que a nós chegarem, necessitados de paz e compreensão, para que

com amor possamos auxiliá-los e encaminhá-los ao necessário reajuste. Não permita, Senhor, que o nosso coração se enrijeça no trato com nossos irmãos, pois sabemos que as moléstias da alma são mais aflitivas que as doenças do corpo. Enche-nos desse modo de infatigável perseverança, compaixão e força, para que sejamos fiéis instrumentos do teu amor. Permita que os teus emissários nos amparem nas decisões e nos compromissos por assumir. Não nos relegueis à fraqueza que nos é peculiar e dai-nos, divino Mestre, a tua inspiração de amor e luz.
A paz do Senhor esteja conosco".

Após a oração inicial, podemos escolher uma leitura ao acaso. Depois, cada um dos presentes pode dar sua opinião sobre o que foi lido e prestar esclarecimentos, utilizando sua intuição para manter a palestra edificante e consoladora.

Não devemos esquecer de agradecer a oportunidade de estarmos reunidos em nome de Jesus, agradecer o amor que existe em nosso lar, as nossas conquistas e vitórias e os nossos obstáculos, limitações e deficiências, pois é através deles que temos as condições necessárias para resgatar nossas dívidas e ressarcir nossos erros do passado distante.

Os pedidos não têm muita importância, pois o plano espiritual superior tem pleno conhecimento das nossas necessidades e merecimentos.

Devemos reservar um tempo para juntos vibrarmos por aqueles que sabemos necessitados de ajuda e amparo. Individualmente e em silêncio, devemos imaginar a luz do divino mestre iluminando esse irmão necessitado, e ele deverá ser mentalizado no esplendor de suas virtudes e alegria.

Devemos também pedir a intervenção dos nossos guias, mentores e espíritos familiares para a magnetização das flores (de preferência, brancas) e fluidificação da água, que deverão estar sobre a mesa de reunião (com toalha de cor clara, utilizada somente para o Evangelho, não absorvendo assim energias que atrapalhem os trabalhos).

Após a oração de encerramento, cada um dos participantes deverá tomar um pouco da água (para auxílio do seu equilíbrio orgânico e espiritual) e levar uma flor para seu respectivo lar (elemento que funciona como um filtro de cargas negativas).

> *"O berço doméstico é a primeira escola e o primeiro templo da alma. A casa do homem, seu porto seguro, é a legítima exportadora de caracteres para a vida comum..."*

A paz do mundo começa sob o teto ao qual nos acolhemos. Se não aprendermos a viver em paz, entre quatro paredes, como aguardar a harmonia das nações? Se nós não nos habituarmos a amar o irmão mais próximo, associado à nossa luta de cada dia, como respeitar o Eterno Pai que nos parece distante?

"Jesus relanceou o olhar pela sala modesta, fez pequeno intervalo e continuou:

— Pedro, acendamos aqui, em torno de quantos nos procuram a assistência fraterna, uma claridade nova. A mesa de tua casa é o lar de teu pão. Nela recebes do Senhor o alimento para cada dia. Por que não instalar, ao redor dela, a sementeira da felicidade e da paz na conversação e no pensamento? ... o Evangelho não foi iniciado sobre a multidão, mas, sim, no singelo domicílio dos pastores e dos animais.

Simão Pedro fitou no Mestre os olhos humildes e lúcidos e, como não encontrasse palavras adequadas para explicar-se, murmurou, tímido:

— Mestre, seja feito como desejas.

Então Jesus, convidando os familiares do apóstolo à palestra edificante e à meditação elevada, desenrolou os escritos da sabedoria e abriu na Terra o primeiro culto cristão do lar."

(Francisco Cândido Xavier, *Jesus no Lar*, Capítulo I, Neio Lúcio, Federação Espírita Brasileira – FEB)

Espírito, perispírito e matéria

Espírito, perispírito e matéria: quando estamos encarnados, essa é a composição básica do ser humano, sendo o perispírito o elo entre o espírito e a matéria. Quando desencarnado, o espírito é envolto pelo perispírito pertinente ao globo em que se encontra.

Allan Kardec, em *O Livro dos Espíritos*, explica que o *perispírito* é o laço que une o *espírito* à *matéria* do corpo. É retirado do meio ambiente, do fluido universal; tem propriedades, simultaneamente, da eletricidade, do fluido magnético e, até certo ponto, da matéria. Pode-se dizer que é a quintessência da matéria. É o princípio da vida orgânica, mas não o da vida intelectual (esta está no espírito). É, além disso, o agente das sensações externas. No corpo, essas sensações estão localizadas nos órgãos que lhe servem de canal. Destruído o corpo, as sensações tornam-se mais generalizadas (mais aguçadas, mais abrangentes, pois não estão limitadas pelos órgãos materiais).

"93. O Espírito propriamente dito está descoberto ou, como pretendem alguns, está rodeado de uma substância qualquer?

- O Espírito está envolto numa substância vaporosa para vós, mas ainda bem grosseira para nós; entretanto, bastante vaporosa para poder elevar-se na atmosfera e transportar-se para onde queira (como o germe de um fruto se acha envolto no perisperma, o Espírito propriamente dito está revestido de envoltório que, por comparação, pode ser chamado de perispírito).

94. De onde tira o Espírito seu envoltório material?

- Do fluido universal de cada globo. Por isso não é o mesmo em todos os mundos. Passando de um mundo a outro, o Espírito muda de envoltório, como vós mudais de roupa.

95. O envoltório semimaterial dos Espíritos afeta formas determinadas e pode tornar-se perceptível?

- Sim, uma forma conforme a categoria do Espírito. É assim que, por vezes, ele vos aparece em sonhos ou em vigília e pode tomar uma forma visível e até palpável."

(Allan Kardec, *O Livro dos Espíritos*, Livro Segundo Capítulo I, perguntas 93, 94 e 95)

É importante entender que quando encarnados, somos responsáveis pelo nosso corpo material, e a maneira como cuidamos dele irá se refletir diretamente no nosso perispírito, o qual limitará a atuação do espírito, pois este depende do perispírito para se manifestar em ambientes mais grosseiros. Portanto, pessoas que agridem seu corpo material por meio de seus atos, vícios, paixões e fraquezas criam profundas "marcas" em seus perispíritos, o que, consequentemente, acarretarão em limitações, deformações e predisposição às doenças e enfermidades nas encarnações futuras. Por exemplo, uma pessoa que foi alcoólatra, poderá reencarnar com uma predisposição a doenças no fígado e rim; uma pessoa que cometeu suicídio com um tiro na cabeça, poderá reencarnar com um tumor no cérebro ou com retardamento mental.

As variantes, os atenuantes, as situações envolventes são ilimitadas; somados ao grau de conhecimento do espírito, irão determinar o tipo e a intensidade do "carma". Mais uma vez, podemos constatar que somos responsáveis por todo o desequilíbrio que causamos. Evitar os excessos, estabelecer limites, cuidar da nossa alimentação, estipular metas, cuidar do nosso corpo e da nossa mente irão criar condições favoráveis para que possamos garantir nas futuras reencarnações a plena atuação do nosso espírito, já que teremos um perispírito equilibrado e sem "barreiras" para a manifestação do nosso espírito na matéria.

Vampirismo

Vampirismo é uma palavra forte que explica o aproveitamento de espíritos inferiores sobre pessoas que, invigilantes, se deixam levar por suas paixões e fraquezas, assumindo atitudes, pensamentos e compromissos que só facilitam a atuação desses espíritos ignorantes e necessitados. São "sugadores" de energia que se satisfazem com a sensação de sentir os prazeres de suas vítimas, pois, ligados na mesma frequência mental que o espírito encarnado, captam a essência ou, de uma forma mais tênue, a sensação de seus atos e pensamentos. O grau de entrosamento pode ser tão grande que o espírito algoz pode forçar sua vítima a cometer exageros e desequilíbrios. Lembramos que tal simbiose somente pode ocorrer quando o encarnado possibilita tal aproximação.

Podemos exemplificar tal processo com a atitude de pessoas deprimidas, desiludidas, que passam por algum tipo de privação e procuram na bebida ou nas drogas a maneira de esquecer, mesmo que temporariamente, suas oportunidades de resgate, aprendizado e progresso espiritual; tornam-se com isso presas fáceis do vampirismo, onde do plano espiritual podemos observar a situação deprimente de encarnado e desencarnados entrelaçados sorvendo os "prazeres" da matéria de uma maneira completamente compulsiva, exagerada e altamente prejudicial ao corpo material e perispiritual.

Possuidores do livre-arbítrio, podemos – a qualquer momento – nos "desligar" dessa influência perniciosa e degradante. A escolha criteriosa de nossos amigos e lugares que frequentamos, a força de vontade para identificarmos nossas fraquezas, limitações e necessidade de reequilíbrio irão criar situações favoráveis para o início da recuperação que só será completa quando ocorrer a conscientização por parte do encarnado, isto é, de que tem que pesquisar, estudar e entender o que está acontecendo, por que está acontecendo e qual a solução definitiva. E temos que ter a humildade de pedir a sincera ajuda aos verdadeiros amigos e ao plano espiritual através de nosso guia (anjo da guarda) que, com toda a certeza, irá proporcionar a proteção, a intuição, a oportunidade de termos o esclarecimento necessário para o fortalecimento do nosso espírito, de tal forma a estarmos livres de quaisquer influências e perturbações, e podermos prosseguir em nossa marcha evolutiva, com o direito que DEUS nos concedeu de escolha do caminho a percorrer.

JESUS é o Caminho, a Verdade e a Luz. Encontramos no seu evangelho o exemplo a ser seguido, as respostas às nossas dúvidas e a certeza de que nunca estamos sozinhos nesse Universo, como ele mesmo nos ensinou: "Batei e lhe será aberto, buscai e acharás".

Aborto

O aborto – apesar de ser um tema polêmico –, se analisado pelo prisma do espiritismo, não deixa dúvidas com relação às consequências de quem o pratica, que será responsabilizado pelo ato criminoso de não permitir que um espírito tenha a oportunidade de reencarnar. Devemos entender que o espírito desde o momento da concepção já está designado e "ligado" à criança que irá nascer por laços sutis, e qualquer rompimento desses laços irá acarretar no aborto. Consequentemente, o praticante desse ato criminoso terá que restaurar a duras provas o desequilíbrio causado.

É cômodo justificar que não temos condições financeiras, não temos maturidade, não temos condições de criar essa bênção de Deus, a qual nos daria oportunidades de crescimento espiritual, resgate de dívidas anteriores e desenvolvimento de nossa fé interior. Comprovaríamos que "Deus nos dá o fardo para carregar de acordo com as nossas possibilidades" e estaríamos permitindo que essa alma suportasse as provas de que o corpo deveria ser instrumento, portanto não existem justificativas para esse crime.

Mesmo no caso de uma violência sexual, devemos refletir sobre as possibilidades da criança nascer, e devemos avaliar as condições psicológicas da genitora pré e pós-parto. NÃO devemos impedir a oportunidade desse espírito reencarnar, mesmo que tenha sido gerado em condições tão hediondas. Se a genitora, após o parto, não tiver condições de cuidar como mãe, deve pelo menos permitir o nascimento da criança e não agravar um carma de reencarnações anteriores. A não ser que seja uma gravidez de alto risco, comprometendo a vida da mãe, neste caso estaríamos sacrificando uma futura reencarnação por outra já existente.

Suicídio

O suicídio é o ato mais desequilibrado e agressivo que podemos praticar contra nós mesmos, quando encarnados, pois estamos nos privando da oportunidade divina de progresso e desenvolvimento do nosso espírito. Se temos a certeza da perfeição e justiça de DEUS e da necessidade das provas e expiações para nossa evolução, temos as bases sólidas para a nossa "fé interior", ferramenta eficaz e suficiente para nos libertar, independentemente das circunstâncias, influências e perturbações que tentam nos arrastar para "o fundo do poço". As consequências serão gravíssimas: do comprometimento do nosso perispírito, que limita e cria barreiras para a manifestação do espírito na matéria nas próximas reencarnações, até a criação, com este ato impensado de vínculos e provações, da necessidade do resgate de dívidas, muitas vezes com corpos deformados de nascença ou portadores de síndromes que limitam a manifestação da inteligência, permitindo um longo e difícil período necessário para o restabelecimento do equilíbrio entre *Espírito, Perispírito* e *Matéria*. Portanto, um ato impensado, violento e inconsequente de apenas alguns segundos irá acarretar um resgate extremamente doloroso, difícil e que na maioria dos casos necessita de várias reencarnações para saldar definitivamente nossas dívidas e restabelecer o EQUILíBRIO. E, novamente, temos a constatação da *Lei de ação e reação, causa e efeito*.

Devemos levar em consideração, no caso de um suicida, que a sua predisposição para depressão, causada pela faixa mental em que se encontra, o torna uma presa fácil para as influências e perturbações causadas pelos seus algozes do plano espiritual inferior, que se aproveitam de sua faixa vibratória baixa para intensificarem seus pensamentos depressivos, autodestrutivos e suicidas.

Estender a mão a esse irmão necessitado e ajudá-lo a sair do "fundo do poço" em que se encontra é fundamental e necessário, pois a dominação causada por seus obsessores o impossibilitam de raciocinar de forma clara e construtiva, requerendo muita ajuda e paciência para a mudança de sua faixa mental para níveis mais elevados. Com isso, criam-se "barreiras" para essas influências e perturbações destruidoras e colocam o irmão em uma frequência mental compatível com a do plano espiritual superior, abrindo assim uma "porta", mesmo que pequena, para o início do fortalecimento de sua "fé interior", restabelecendo assim seu equilíbrio e livrando-o das influências e perturbações.

Após a leitura dos capítulos anteriores, podemos meditar sobre o que foi "explicado", aceitar e praticar aquilo que vai de encontro com a nossa "verdade interior", e escolher algumas palavras que deverão sempre estar nos nossos pensamentos e vocabulário, para que possamos estar preparados para o terceiro milênio.

Podemos citar algumas como exemplo, porém lembramos que são palavras muito pessoais e, dependendo das nossas necessidades particulares, poderão ter uma maior ou menor importância em determinadas épocas de nossa "caminhada".

Deus *Paz*
Amor *Sintonia*
Equilíbrio *Oração*
Fé *Disciplina*
Alegria *Perfeição*
Trabalho *Felicidade*
Livre-arbítrio *Perdão*
Pensamento *Espírito*
Alimentação *Estudo*
Eternidade *Evolução*

O Terceiro Milênio

O terceiro milênio, tão esperado e temido, pois, segundo diferentes profecias, crenças e religiões, traria a destruição da Terra e o ressurgimento de um novo mundo. Chegou sem alarde ou grandes diferenças, o que não poderia ser de outra maneira, pois o tempo para nós é medido de forma diferente em relação ao plano espiritual, cujos séculos possuem um peso muito menor quando comparados com a eternidade – e essas mudanças levarão pelo menos 500 anos para serem percebidas.

Maturidade

Devemos entender que com o terceiro milênio o nosso planeta atingiu um grau de maturidade e desenvolvimento espiritual, moral, intelectual e tecnológico que não comporta mais tanta diferença de comportamento entre os homens.

Expiação, provas – regeneração

Se de um lado temos um avanço na medicina que permite salvar milhares de vidas, em outro canto do planeta temos guerras sem sentido, eliminando populações inteiras, num desprezo total pela raça humana. Portanto, os espíritos que reincidem em seus erros, vinganças e violências vibram em uma frequência não compatível com a do nosso planeta atualmente.

Logo teremos, por meio das leis do Universo, a separação natural entre esses espíritos e aqueles que vibram na mesma frequência evolutiva do nosso orbe – é a "separação do joio do trigo", época dos grandes desencarnes coletivos e da reencarnação de espíritos mais evoluídos e compatíveis com o grau de maturidade da Terra. É a evolução de um planeta de expiação e provas para um mundo de regeneração.

Nosso planeta passa por uma transformação e evolução semelhantes ao que ocorreu há cerca de 25 mil anos no sistema da estrela Capela, sol na constelação do Cocheiro que, segundo os astrônomos, está a 45 anos-luz distante da Terra.

"Há muitos milênios, um dos orbes da Capela, que guarda muitas afinidades com o globo terrestre, atingira a culminância de um dos seus extraordinários ciclos evolutivos.

As lutas finais de um longo aperfeiçoamento estavam delineadas, como ora acontece convosco, relativamente às transições esperadas no século XX, neste crepúsculo de civilização.

Alguns milhões de espíritos rebeldes lá existiam, no caminho da evolução geral, dificultando a consolidação das penosas conquistas daqueles povos cheios de piedade e virtudes, mas uma ação de saneamento geral os alijaria daquela humanidade, que fizera jus à concórdia perpétua, para a edificação de seus elevados trabalhos.

As grandes comunidades espirituais, diretoras do Cosmos, deliberam, então, localizar aquelas entidades que se tornaram pertinazes no crime, aqui na Terra longínqua, onde aprenderiam a realizar, na dor e nos trabalhos penosos do seu ambiente, as grandes conquistas do coração e impulsionando, simultaneamente, o progresso dos seus irmãos inferiores."

(Francisco Cândido Xavier, *A Caminho da Luz*, pelo Espírito Emmanuel, capítulo III).

Portanto, os espíritos reincidentes e rebeldes serão atraídos para um outro planeta, menos evoluído que a Terra, cujo estado evolutivo do orbe seja mais compatível com esses espíritos reencarnantes. Novamente, a história se repete – esses espíritos serão a alavanca necessária para a evolução deste planeta. Assim como "Adão e Eva", serão "expulsos do paraíso" e estarão amargando uma dura e penosa oportunidade de evolução no "purgatório".

As futuras civilizações da Terra serão predominantemente compostas de espíritos com profundos conhecimentos, capacidades e práticas espirituais, com elevado potencial intuitivo e desprendimento material, potencializando a marcha evolutiva do nosso planeta.

Temos que nos preparar para o terceiro milênio, fortalecendo e desenvolvendo nosso espírito para as provas e os desafios que o plano espiritual superior irá nos proporcionar, muitos deles serão coletivos. Dessa maneira, temos que estar em uma sintonia coletiva de nossos valores, objetivos e comprometimento.

Tudo tem início na nossa família, como um aprendizado, uma preparação para desafios maiores. As dificuldades e os obstáculos do dia a dia em família devem ser vencidos e transpostos – é fundamental sermos vencedores nas nossas tarefas e obrigações familiares, nos dedicarmos ao extremo, com o máximo da nossa capacidade, para termos um ambiente de EQUILíBRIO, PAZ, HARMONIA e LUZ. Um ambiente de progresso e evolução espiritual, de maneira a nos tornarmos aptos para assumir os desafios maiores, fora do âmbito familiar, e galgar degraus cada vez mais altos na marcha evolutiva da nossa cidade, do nosso país, do nosso continente, do nosso planeta.

ORAÇÃO

Para continuarmos na nossa marcha evolutiva e galgar os degraus do nosso progresso espiritual, temos que entrar em sintonia com o plano espiritual superior, mantendo nosso pensamento em uma frequência de equilíbrio, paz, harmonia e luz. A oração sincera, aquela que parte do fundo do nosso coração, é a melhor ferramenta para alcançarmos essa sintonia.

Aprender a orar, retirando todos os entraves e obstáculos que impeçam a máxima eficiência da nossa vibração, é fundamental para nosso êxito. Fazendo uma analogia da maneira como amamos nossos filhos, como queremos o melhor para eles, não gostaríamos que, ao precisarem da nossa ajuda ou do nosso perdão, viessem até nós com medo, se ajoelhassem e, com a cabeça em terra, nos pedissem ajuda. A nossa primeira atitude seria levantá-los e abraçá-los, dando nosso apoio, proteção, nosso amor, nosso perdão.

Da mesma forma, Jesus não se sente bem ao ver seus filhos apavorados, desesperados, de joelhos, ou, como faziam os fariseus, cobrindo-se de pó e rasgando as roupas nas ruas para pedir ajuda a DEUS. Esses pensamentos e atitudes de autopunição, autoflagelação e adoração fanática existem desde os tempos remotos das civilizações do nosso planeta, época em que os sacerdotes adoravam seus deuses através de oferendas e o povo era dominado pelo temor a um deus cruel, que "exigia" e se "satisfazia" com sacrifícios de animais e até de humanos, para que pudesse dar a chuva para uma boa colheita, afastar doenças e pragas, tornar o povo vencedor e dominador nas guerras.

Esse deus tirano, orgulhoso, vaidoso, cruel, os sacerdotes fanáticos, mistificadores e seus rituais não são mais compatíveis com o atual grau de evolução do nosso planeta. Vemos hoje o absurdo e a hipocrisia desse fanatismo. No entanto, em nossa memória espiritual, temos ainda essas lembranças enraizadas que nos impedem de, atualmente, orarmos de forma edificante, eficiente, de forma a retirarmos todos os obstáculos que nós mesmos criamos inconscientemente. Somente após a retirada desses entraves iremos alcançar nossas necessidades através da oração.

DEUS
  é *Único*
    é *Amor*
      é *Luz*
        é *Paz*
          é *Equilíbrio*
            é *Perdão*
              é *Perfeição*

Para nossa oração ter máxima eficiência, temos que primeiro aprender a perdoar com sinceridade, sem cobranças, sem julgamentos, sem lembranças tristes, sem angústias – sentir o prazer de tirar do nosso coração toda mágoa, toda dor através do perdão sincero, e nos esforçarmos para nunca precisarmos ser perdoados pelos homens.

Quando a humanidade encarnada e desencarnada compreender a real necessidade de PERDOAR e de NÃO NECESSITAR SER PERDOADO, então nosso planeta subirá um grande "degrau" na sua marcha evolutiva e assim passará de um planeta de provas e expiações para um planeta de regeneração.

"Quem perdoa, caminha a passos largos.
Quem é perdoado, rasteja."

Dr. Adolfo, mentor do IECIM -
Instituto Espírita Cidadão do Mundo

Jesus e o plano espiritual superior, com os espíritos de luz, nossos guias, mentores, anjos da guarda, espíritos familiares, nossos amigos na espiritualidade, sabem exatamente o que estamos passando e por que estamos nessa situação. Portanto, refletir sobre como, quando e onde devemos fazer nossas orações é fundamental e imprescindível para entrarmos em sintonia, vibrando nossos pensamentos na mesma frequência espiritual superior de LUZ, para obter a máxima eficiência, ajuda, orientação, intuição, esclarecimento, paz de espírito e proteção.

Como orar?

Devemos entrar em sintonia com o plano espiritual superior. Para isso acontecer, temos que afastar nossos pensamentos negativos (mágoa, tristeza, depressão, raiva, culpa, ódio...), influências, perturbações decorrentes do nosso dia a dia. Devemos fazer isso meditando no silêncio desse momento, com nosso pensamento focado naquilo que mais nos fortalece, para manter nosso espírito equilibrado, sereno e desenvolver nossa PAZ interior, perdoando a tudo e a todos, nos imaginando com saúde, alegres, revivendo momentos felizes e a LUZ do DIVINO MESTRE nos iluminando. Nesse momento, estamos prontos para iniciar nossa oração, agradecer a DEUS e a JESUS, aos nossos guias, mentores, espíritos familiares. Agradecer pela oportunidade dessa atual reencarnação, pela nossa família, pelo nosso trabalho, pelas nossas conquistas, pelos obstáculos e limitações que nos estão sendo impostos, com o único propósito de ressarcimento de nossas faltas e dívidas anteriores, o que nos possibilita a continuidade da nossa marcha evolutiva e o nosso desenvolvimento espiritual. Compreender e aceitar essa verdade é fundamental para o fortalecimento da nossa fé. Em seguida, devemos iniciar uma conversação sincera como a de um filho com seu pai, que lhe inspira toda a confiança, amor, proteção e exemplo – a sintonia obtida pela sinceridade das palavras e pensamentos, somada à confiança e à certeza da graça alcançada, passa a ser uma consequência dessa fé interior inabalável.

Terminar nossas preces com uma oração consagrada, de acordo com a religião e a crença de cada um, é salutar. Para os cristãos, a oração que Jesus nos ensinou é satisfatória e suficiente, mas pode ser precedida por outras, como a de São Francisco e a Ave Maria ou tantas outras, que expressam aquilo em que acreditamos e queremos alcançar. É importante entender que a oração, as palavras ditas devem ser, na verdade – o "veículo" – que transporta nosso pensamento sincero.

Quando orar?

Essa é uma pergunta que cada um de nós, espíritos encarnados e desencarnados, devemos fazer, pois depende da necessidade e do progresso espiritual de cada um, da percepção espiritual individual de bem-estar que sentimos quando, por meio da oração profunda e sincera, podemos ter essa troca de sensações, intuições e pensamentos elevados. A necessidade e a intensidade de cada um sentir esse bem-estar estabelecerão a frequência e a eficiência de nossas orações.

Entrar em sintonia com o plano espiritual superior deve ser uma prática na vida de cada um de nós, espíritos encarnados e desencarnados. Aqueles que só fazem suas orações nos momentos de crise perdem a oportunidade de, através das orações diárias e meditação, manterem o equilíbrio constante dos seus espíritos, o bem-estar, e, por meio de seus pensamentos edificantes, combater, atenuar e até mesmo eliminar esses momentos de crise. Com a prática constante da oração, nossos obstáculos são transpostos de maneira mais fácil, nossos fardos são carregados de maneira mais suave, nossa marcha evolutiva ocorre de forma mais constante, "a passos largos".

O nosso pensamento equilibrado, focado, elevado e construtivo é a mais poderosa oração que podemos fazer, é o princípio da nossa fé inabalável, a fé que move montanhas de pessimismo, dor, inveja, ódio, ofensa, discórdia, dúvidas, erros, desespero, tristeza, trevas e nos faz encontrar a LUZ do divino mestre.

"Ó, Senhor, faze de mim um instrumento da tua Paz!"
São Francisco de Assis

Onde orar?

O local ideal de oração deve ser tranquilo, livre de interrupções e barulho, agradável, um local onde nos sintamos bem, amparados e protegidos. O mais importante é que nesse local nosso pensamento possa ser direcionado para o plano espiritual superior e nosso espírito possa vibrar nessa frequência de PAZ, EQUILíBRIO, HARMONIA E LUZ.

Com o tempo, a prática e a assiduidade, percebemos que o local propriamente dito não é o mais importante, e sim direcionar nossos pensamentos para o plano espiritual superior. O local ideal é meramente uma facilidade, uma ajuda a mais para potencializarmos nossa oração, mesmo porque, se assim não o fosse, um prisioneiro em sua cela, com todas as condições contrárias, não poderia fazer suas preces.

Concluímos que o que faz o local ideal é, na verdade, a capacidade de concentração que cada um de nós possui – essa ferramenta poderosa e eficiente, capaz de se isolar, blindar de ações e forças externas e direcionar sem desvios o nosso pensamento para o objetivo proposto, ou seja, canalizar nossa oração sincera e objetiva ao plano espiritual superior.

"É determinante nesse terceiro milênio, onde está sendo separado o joio do trigo, a prática da oração de todos os espíritos encarnados e desencarnados na Terra, para que possamos contribuir para a evolução e progresso do nosso planeta de expiação e provas para um mundo de regeneração."
"Orai e Vigiai!"
Jesus

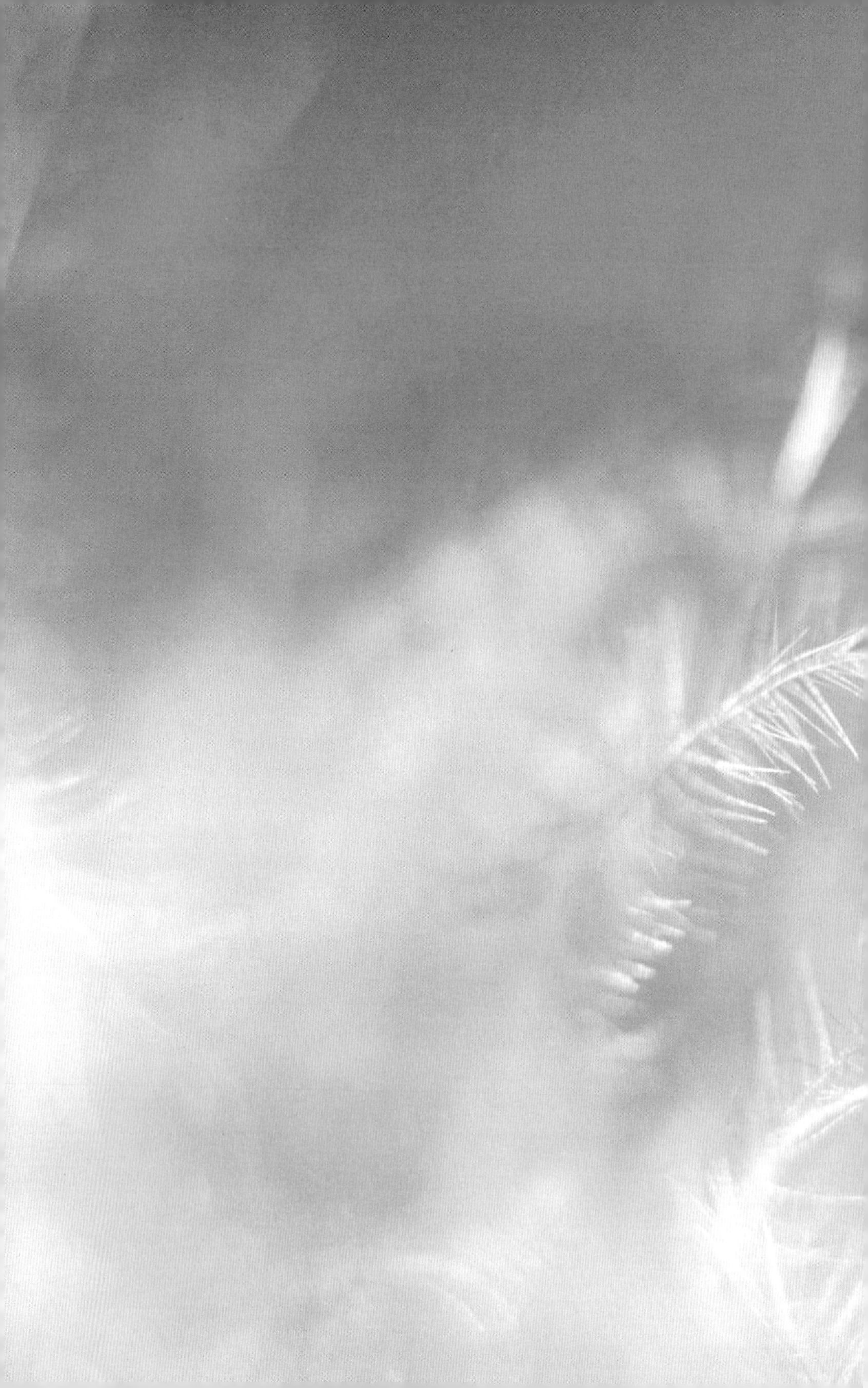

Terceira parte

Explicando III
Jesus – O Cristo
Consolador

Explicando III

Médiuns e as casas espíritas de caridade

"O verdadeiro espírita tem a conscientização da responsabilidade e da necessidade de, através de seus atos, exemplificar as leis da doutrina."

"Caridade e reforma íntima – esse deve ser o propósito assumido pelos médiuns nos seus compromissos de trabalho na seara do nosso Senhor Jesus, o Cristo Consolador."

Mediunidade – médium

A mediunidade existe de diversas formas e níveis de intensidade e afinidade com os respectivos mentores. Todos os espíritos encarnados, consequentemente todos os colaboradores do centro, possuem uma sensibilidade que também se transforma e desenvolve-se conforme o grau de comprometimento e progresso dos trabalhadores. Portanto, a cura física e mental e a reforma íntima devem caminhar juntas – é a maneira mais eficaz para a cura definitiva dos males que assolam a humanidade.

As doenças que são somatizadas pelos pensamentos inferiores dos homens, como medo, ódio, raiva, rancor, ciúme, desespero, depressão, culpa, vaidade, mágoa, insegurança, arrogância, poder, entre outros, só poderão ser definitivamente curadas após uma profunda e sincera reforma íntima.

Lembramos que o fato de ser médium, trabalhar na Casa Espírita e fazer caridade não lhe dá uma proteção especial contra "seu maior inimigo: você mesmo". E não poderia ser de outra forma, pois as Leis do Universo são perfeitas e para todos.

Aproveitar seu "livre-arbítrio" em conjunto com sua mediunidade, e direcionar seus pensamentos e atitudes para seguir o exemplo que o mestre Jesus nos deixou por intermédio de seu Evangelho, é o caminho mais curto para o ressarcimento das suas dívidas passadas e seu progresso espiritual.

"Ser médium é uma bênção de Deus, uma oportunidade maravilhosa, edificante e extremamente eficiente para o progresso espiritual e o resgate das dívidas e dos carmas de outras reencarnações."

Para utilizar essa "ferramenta", esse "dom", essa "graça divina" de forma construtiva, é necessário disciplina, comprometimento e equilíbrio. Desenvolver essa mediunidade por meio da prática sincera e altruísta requer paciência, tolerância e determinação. Manter-se em sintonia com seus mentores exige do médium autocontrole e sintonia plena, isto é, orar e vigiar seus pensamentos e atitudes, mantendo-os isolados das influências e perturbações do dia a dia para NÃO ser vítima de suas fraquezas e paixões, e facilitar, permitir, "convidar" entidades obsessoras a se aproximarem. Manter o pensamento em uma frequência elevada é fundamental para a sintonia com o plano espiritual superior.

"Os médiuns devem refletir a Luz do Divino Mestre Consolador, iluminando o caminho por onde passam, auxiliando espíritos encarnados e desencarnados a seguirem juntos na marcha evolutiva do nosso planeta."

"Uma centelha da luz divina de Jesus pode iluminar uma nação, desde que saibamos conduzi-la objetivamente e com comprometimento na direção certa, sem desvios, sem anteparos criados pelos nossos sentimentos de orgulho, vaidade e ambição."

"Se cada um fizer sua parte, contribuindo diariamente com sua luz interior, estaremos diariamente avançando e conquistando territórios nesse campo de batalha chamado TERRA, e assim enfraquecer, limitar e afastar o domínio das inteligências das trevas, avançando passo a passo, mas constantemente, e vencendo batalhas íntimas e coletivas, rumo à certeza da vitória nessa guerra da LUZ contra as trevas, pois o nosso comandante é JESUS – o Cristo Consolador, o general das estrelas que ilumina e afasta as trevas do nosso planeta."

Infelizmente, vocês utilizam muito pouco o verdadeiro potencial que possuem, e ainda acham que fazem muito, justificando erradamente que as dificuldades do dia a dia os impedem de um maior comprometimento e assiduidade nos trabalhos. Reclamam da falta de proteção dos seus guias e mentores, como se não fossem os causadores das próprias barreiras, dificultando a proteção do plano espiritual superior. Com os pensamentos baixos, ficam vulneráveis e tornam-se presas fáceis das entidades obsessoras. Se em vez de se lamentarem, vocês meditassem sobre o verdadeiro potencial da mediunidade como ferramenta de trabalho e progresso espiritual, estariam caminhando a passos largos e não engatinhando para transpor os obstáculos colocados à sua frente como oportunidades de ressarcimento de suas dívidas anteriores.

"Jesus nunca nos dá o fardo mais pesado do que possamos carregar."

Cabe a cada um de nós, espíritos em evolução que somos, aceitar todos os obstáculos, limitações, dificuldades e os transformar em oportunidades de evolução espiritual. A mediunidade é uma bênção que Jesus lhes deu para acelerarem seu progresso espiritual e seguirem adiante na marcha evolutiva da vida.

"O médium que não trabalha, dá trabalho."
Dr. Adolpho

Para o médium, seu autoconhecimento é imprescindível e fundamental para que possa carregar a "Bandeira da Caridade". É necessário fazer uma autoanálise para poder exercer sua própria reforma íntima, o que possibilita com maior eficiência esclarecer, aconselhar, doutrinar e curar os irmãos necessitados que forem até a casa espírita de caridade, tanto no plano físico como no plano espiritual. O médium terá, assim, maior credibilidade e confiança no seu trabalho na seara do senhor, e poderá significativamente colaborar com a falange de Ismael, que carrega a bandeira com o seguinte emblema:

"DEUS, CRISTO E CARIDADE!"

Se cada um de nós, estando na matéria encarnados ou na espiritualidade desencarnados, fizer a sua parte, com o comprometimento sincero da caridade pura e edificante de alimentar os famintos com alimentos e esclarecimentos; vestir os nus com roupas, dar conforto e consolo; visitar os presídios e hospitais, estaremos fazendo com que a nossa religião seja o AMOR que ampara, esclarece e ensina sobre o "Cristo Consolador". Unidos com o mesmo propósito no sentido de atingir um objetivo comum, estaremos carregando juntos a bandeira de Ismael e contribuindo com esse trabalho em equipe para a transformação do nosso BRASIL no CORAÇÃO DO MUNDO – PÁTRIA DO EVANGELHO.

Centro Espírita

O médium, em sua busca incansável pelo autoconhecimento e reforma íntima, deve aprender a ser discreto, e isso significa ser disciplinado na forma de se vestir, de se alimentar, de se posicionar em relação aos inúmeros conflitos do dia a dia do Centro Espírita, equilibrado na maneira de dirigir os trabalhos, com segurança e amor. Dessa forma, o médium removerá as barreiras que atrapalham a si próprio e aos seus colegas e colaboradores, possibilitando um eficiente intercâmbio com o plano espiritual superior, criando um ambiente favorável para a manifestação dos mentores da casa e, consequentemente, os "trabalhos" serão proporcionalmente compatíveis com a disciplina, o equilíbrio e o amor do ambiente.

Os trabalhos devem ser iniciados e encerrados no Centro Espírita. Manter o pensamento ligado aos trabalhos realizados no centro é prejudicial aos médiuns e aos colaboradores. Portanto, ao saírem, os trabalhadores da casa devem vigiar seus pensamentos, policiar suas atitudes e condutas fora do centro, e lembrarem que o orgulho, o egoísmo, o ciúme, o preconceito e a apatia são incompatíveis com a prática do bem e da caridade.

O autoconhecimento de cada um dos trabalhadores da seara do senhor é o exercício que irá estimular e acentuar o afeto e a amizade entre os participantes, irá ressaltar as virtudes e não os defeitos, estimulando o trabalho em equipe.

Lembrem-se de que os mentores e guias da casa visitam regularmente seus colaboradores. E não poderia ser de outra forma! Sua finalidade é acompanhar o desenvolvimento de cada um, verificar o progresso no cumprimento dos seus compromissos assumidos com relação às suas famílias, amigos, trabalho e seus comportamentos perante as adversidades; e o que veem – na maioria das vezes – os entristece e desaponta.

Portanto, em vez de pedir, cobrar ou julgar, meditem, entrem em sintonia com os planos mais elevados, sintam a verdadeira essência do AMOR; sintam o prazer de ajudar e não de serem ajudados, de compreender e não de serem compreendidos, de AMAR e não de serem amados. Só assim vão compreender que é dando que se recebe, que é perdoando que se é perdoado, e é desencarnando que reencarnamos para a vida eterna, e poderão ser um instrumento na PAZ de Jesus, entendendo e perpetrando as palavras de São Francisco de Assis:

Onde houver ódio, que eu leve o amor
Onde houver ofensa, que eu leve o perdão
Onde houver discórdia, que eu leve a união
Onde houver dúvidas, que eu leve a fé
Onde houver erro, que eu leve a verdade
Onde houver desespero, que eu leve a esperança
Onde houver tristeza, que eu leve alegria
Onde houver trevas, que eu leve a luz

Ó, Senhor, fazei que eu procure mais consolar que ser consolado
Compreender do que ser compreendido
Amar que ser amado
Pois é dando que se recebe
É perdoando que se é perdoado
E é morrendo que se vive para a vida eterna

Que a paz e a bênção
do Senhor Jesus, o Consolador,
estejam em vossos corações!

Guerra espiritual

Estamos em uma verdadeira guerra espiritual! Enquanto os "soldados de Cristo" estiverem discutindo entre si, competindo entre os grupos, perderão todas as batalhas e ninguém brilhará sozinho. É necessário o somatório das pequenas centelhas de luz de cada um para termos condições favoráveis perante as trevas; é imprescindível a organização, o espírito de equipe e disciplina dos trabalhadores na seara do senhor, a união das religiões na prática da caridade e do amor ao próximo, fortalecendo esse exército de LUZ que irá iluminar todo o nosso planeta nesse terceiro milênio, nos seus diversos planos, não permitindo que nenhum ponto fique sem ser iluminado pela "centelha divina de Jesus".

No entanto, não podemos nos enganar e acreditar que as obras sociais e a caridade irão substituir a necessidade da reforma íntima. Enquanto as trevas têm se aperfeiçoado nos métodos de obsessão, os espíritos invigilantes estão parados no tempo e precisam se adaptar à realidade atual com suas tecnologias e virtualidades que, mal utilizadas, estão deslumbrando os jovens, limitando e direcionando erradamente seus conceitos e princípios de família e comportamento. Infelizmente, uma tecnologia que deveria acelerar e desenvolver o conhecimento e o progresso da humanidade é mais utilizada como veículo de redes sociais, desperdiçando um potencial enorme e tempo que já não temos.

Aproveitando-se dessa situação, as falanges das trevas organizam-se e, alimentadas pelas novas tecnologias, atuam obstinadamente com suas novas técnicas obsessivas diretamente nas famílias, nos lares, na base da sociedade, minando e deturpando o conceito sagrado de família. E as famílias dos médiuns e colaboradores ficam também sob o ataque incessante das falanges das trevas. Conforme orientação de seus líderes, escolhem tropas de elite do mal para atuarem nas famílias dos médiuns e dirigentes, pois elas são alvos específicos, mais fáceis e vulneráveis a esses ataques obsessores. Bem diferente do que ocorre nas casas espíritas de caridade, com a vigilância das falanges protetoras e a LUZ dos guias e mentores da casa que, em sintonia com o plano espiritual superior, não permitem os ataques dessas falanges das trevas.

Orar e vigiar

O médium possui todas as condições necessárias para a proteção de sua família, basta pôr em prática no seio do lar tudo em que acredita, pratica e ensina na casa espírita de caridade.

"Não basta o título de professor, tem que saber ensinar não só na escola, mas também no lar."

A reforma íntima de cada membro da família; a prática do evangelho no lar; a união de todos os familiares com o mesmo propósito no exercício do bem e da caridade; a descoberta da alegria e do bem-estar que sentimos ao ajudar as pessoas; ao meditar sobre atitudes e pensamentos que nos levam ao progresso e à evolução de nosso espírito; ao buscar o trabalho edificante para obtermos o nosso sustento na matéria e a ajuda aos irmãos necessitados; ao afastar todo o orgulho, o egoísmo, as discussões não construtivas e as explicações prolixas; ao cultivar a humildade e a paz interior; ao manter a disciplina e o equilíbrio na família – estaremos fortalecendo e protegendo o nosso porto seguro, que é o nosso lar.

"Nunca o 'Orai e Vigiai' foi tão necessário como nos dias de hoje!"

Os médiuns e os colaboradores devem ter o bom senso e o discernimento para entender que o compromisso assumido com os trabalhos da casa deve ser a prioridade de todos. Os problemas e dificuldades de cada um devem ser tratados e discutidos, de preferência, em outro horário ou ao término dos trabalhos, depois que todos os que vierem a casa tiverem sido atendidos. Não transformem suas necessidades e oportunidades de progresso e evolução em obstáculos para os trabalhos do centro – seus guias e mentores dispendem muita energia para fortalecer os elos fracos dessa corrente de caridade durante os trabalhos. E vocês, com todo o conhecimento que têm, são responsáveis por essa perda de foco individual.

Lembrem-se de que as reuniões são ansiosamente aguardadas pelos espíritos obsessores. Com isso, as disputas por tarefas, cargos e palestras são oportunidades para um processo obsessivo coletivo. Os trabalhadores devem estar atentos e preparados para não ficarem vulneráveis a essas influências desestabilizantes e destruidoras. Cultivar a humildade e a paz interior, focar exclusivamente nos trabalhos vão proteger essa corrente do bem e da caridade e aliviar um peso desnecessário para os guias do centro espírita de caridade.

Casa Espírita

Os centros devem se modernizar, se adaptar e se adequar às novas técnicas e métodos nos trabalhos assumidos, mais compatíveis com as necessidades e influências causadas pela modernidade de hoje.

Se recordarmos a evolução e as mudanças ocorridas desde a época de Kardec com relação às comunicações com o plano espiritual por meio das mesas falantes até as psicografias de Chico Xavier, com Emmanuel e André Luiz, vamos notar uma evolução nas técnicas utilizadas. Esse mesmo progresso deve ocorrer atualmente com relação aos trabalhos de desobsessão e de cura para potencializar os resultados, neutralizando e blindando os centros frente aos ataques das falanges das trevas, pois estas também se modernizam e se adaptam às novas técnicas de influência, perturbação e obsessão.

Médiuns, usem o desdobramento durante o sono para promover visitas com atividades edificantes e socorristas juntamente a seus guias e mentores espirituais. Para isso, devem se preparar antes de se deitarem para o merecido e necessário descanso do corpo físico, fazer uma alimentação leve e seletiva, e assim sintonizar com o plano espiritual superior através do pensamento equilibrado e da oração sincera, e ir de encontro às falanges socorristas que incansavelmente trabalham na seara de Jesus, carregando a bandeira "DEUS, CRISTO e CARIDADE".

Jesus, o *"General das Estrelas que iluminam e afastam a escuridão do nosso planeta"*, nos dá o exemplo, nos ensina através do seu evangelho como combater as trevas, como fortalecer nossa fé – aquela que move montanhas, que é inabalável e invencível –, e nos dá todas as oportunidades e condições para o nosso aprendizado, nosso progresso, nossa evolução, nossa preparação para nos alistarmos no seu exército do BEM e da LUZ contra o mal e as trevas.

Para combater o assédio, as influências e as perturbações desse exército das trevas, o médium precisa fortalecer seu quartel com o trabalho de caridade e de cura do seu centro espírita, treinar e equipar seus "soldados", colaboradores e dirigentes por meio do estudo da doutrina espírita e seguir o EVANGELHO de JESUS. Assim, com essas práticas, o médium encontrará as condições de vencer as "batalhas" do dia a dia.

*"Orar e Vigiar, pois
a quem muito foi dado, muito será cobrado."*

E aos médiuns muito foi dado, muito foi esclarecido e explicado, consequentemente NÃO poderão e NUNCA deverão alegar a falta de conhecimento necessário. Essa sensibilidade nata e essa mediunidade que lhes foi concedida os colocam numa situação privilegiada de sintonia e ligação com o plano espiritual SUPERIOR, onde, por intuição, vidência, psicofonia, psicografia e incorporação, recebem a exata noção do certo e do errado, do equilíbrio e do desequilíbrio, do bem e do mal, mas também os colocam numa situação de constante assédio por parte das inteligências das trevas, das suas falanges de obsessores e legiões de escravos da escuridão.

Luz divina

A Luz do Divino Mestre Jesus ilumina todo o nosso planeta.

Devemos remover todos os obstáculos que impeçam essa LUZ DIVINA de iluminar todos os ambientes, por mais inóspitos, soturnos e afastados que sejam, e chegar a todos os espíritos encarnados e desencarnados, por mais escondidos, asilados e camuflados que estejam.

Cabe aos médiuns refletirem essa LUZ DIVINA e terem o discernimento e a compreensão da responsabilidade que possuem: que é o poder de refletir e expandir essa luz e acabar com as influências das trevas, possibilitando o início de um novo ciclo de regeneração e progresso no nosso planeta. Para os espíritos encarnados e desencarnados que já possuírem esse grau evolutivo e, portanto, estiverem dotados das condições necessárias para permanecerem na TERRA, não serão degradados para um orbe menos evoluído, como outrora foi o nosso planeta.

"O médium mantém acesa sua centelha de Luz Divina, ampliando e refletindo seu alcance, junto ao trabalho em equipe dos seus, e é fortalecido pelo conhecimento e prática do Evangelho de Jesus e da sua máxima, Orai e Vigiai."

Evangelização infantil

Para termos um centro espírita produtivo e garantir sua continuidade e crescimento, devemos manter um trabalho de evangelização infantil ativo e dedicado para evitar que os jovens abandonem a casa espírita, pois eles serão a continuidade, o futuro da casa. Acompanhar o jovem desde a sua infância, os primeiros anos de sua vida na matéria, quando tem a proteção divina das leis do universo contra influências e perturbações, é plantar uma semente em terreno fértil, em um clima de luz e calmaria. Com isso, ganha-se um tempo precioso para esclarecer e fortalecer esse espírito em desenvolvimento, preparando-o para quando a calmaria passar e as tempestades dos seus sentimentos inferiores aflorarem, e ele tiver que lutar contra seu maior inimigo – ele mesmo –, com suas fraquezas, paixões e seus carmas.

Preparo do ambiente

Preparar o jovem e acompanhar sua evolução, seu desenvolvimento, é preparar o Centro para novos desafios e adaptações rumo ao futuro e às novas necessidades evolutivas da humanidade e suas conquistas tecnológicas; desenvolver novas técnicas nos trabalhos espirituais, mais compatíveis e eficientes contra as técnicas utilizadas por entidades e falanges do mal, comandadas pelos dragões das trevas, e combater o mal com a "arma" mais eficiente que os Centros Espíritas possuem – a sintonia com o Plano Espiritual Superior através dos seus guias e mentores iluminados pela Luz do Divino Mestre Jesus.

Para essa sintonia e essa ligação acontecerem e serem produtivas, o comprometimento de todos os trabalhadores do Centro com a disciplina, a dedicação, o estudo, o comparecimento assíduo aos trabalhos, o foco nas responsabilidades assumidas e o trabalho em equipe são imprescindíveis e fundamentais, isto é, terem discernimento e compreensão da necessidade dessa união para o fortalecimento das instituições espíritas e de seus integrantes. Essa união e esse trabalho em equipe irão proporcionar a confiança e a segurança necessárias para a vitória nas batalhas do dia a dia, pois quanto maior a dedicação aos trabalhos do bem e da caridade, maior será a perseguição e atuação espiritual negativa obsessiva das falanges do mal.

Como já foi falado anteriormente, o fato de os médiuns trabalharem em um centro espírita não lhes dá automaticamente uma proteção especial do plano espiritual superior. Essa proteção deve ser conquistada por todos – médiuns, dirigentes, voluntários, colaboradores – e não poderia ser de outra forma, pois as "leis universais" são perfeitas e regem a tudo e a todos.

A importância do preparo do ambiente antes do início dos trabalhos, a sintonia entre os médiuns e voluntários, o foco dos colaboradores nos trabalhos que estão sendo praticados, vigiando e controlando seus pensamentos no intuito de não criarem barreiras ou fragilizarem o elo da "corrente" que os une, são fundamentais para o êxito. Assim como a responsabilidade dos médiuns no dia do trabalho, que devem manter o equilíbrio e a paz de espírito, não permitindo que as influências e perturbações decorrentes do dia a dia, no lar, no ambiente do trabalho, interfiram negativamente, minando seus pensamentos, desestabilizando e comprometendo o potencial dos "trabalhos na seara do nosso mestre Jesus".

O COMPROMETIMENTO dos médiuns com seu corpo físico e espiritual é imprescindível para receberem seus guias e mentores espirituais.

A alimentação leve e saudável nos dias dos trabalhos se faz necessária: pouco café, sem ingestão de bebida alcoólica ou qualquer substância que altere seu estado de domínio sobre seu espírito. O médium, por sua sensibilidade, é mais susceptível às influências do plano espiritual, conforme a sua faixa vibratória. A frequência em que se encontram seus pensamentos possibilitará a sintonia com entidades da mesma frequência, que se aproximam não como intrusos, mas como "convidados". Essa responsabilidade é totalmente dos médiuns e da faixa vibratória em que se encontram. Saibam escolher seus "convidados"!

A eficiência dos "trabalhos" nos centros espíritas depende proporcional e diretamente da harmonia, da sintonia, da frequência espiritual superior em que os médiuns se encontram. É extremamente importante a conscientização dos "trabalhadores" sobre a necessidade de chegarem ao centro em condições ideais para exercerem seu trabalho em equipe, possibilitando aos mentores da casa o direcionamento dos trabalhos daquele dia conforme as condições vibratórias do centro.

Os médiuns devem chegar aos centros espíritas preparados para exercer os "trabalhos" a eles direcionados, e não como espíritos obsediados, que necessitam da intervenção dos seus guias e mentores antes do início dos seus compromissos assumidos, dispendendo um tempo precioso do plano espiritual para colocar os médiuns e o ambiente nas condições necessárias para o início dos TRABALHOS, tempo esse que deveria ser utilizado para atender os espíritos encarnados e desencarnados que foram ao centro nesse dia.

É cômodo para os médiuns que incorporam acharem que o fato de darem passagem a seus mentores significa já estarem cumprindo com suas obrigações assumidas. É mister meditar sobre o fato de não estarem nas condições ideais e quais as consequências e dificuldades para seus mentores, que se comprometeram a estar naquele dia e horário para a realização dos trabalhos, mobilizando falanges socorristas e de proteção, com "caravanas" de espíritos sofredores e necessitados de ajuda. E ao chegarem ao local dos "trabalhos", encontram um ambiente desfavorável e um médium que não está com sua "paz de espírito" ideal. Quanto desperdício de tempo e energia para "arrumar" a casa e deixá-la em condições ideais para o início dos "trabalhos!"

"A postura dos médiuns – antes, durante e depois dos trabalhos – irá ditar o rumo que a casa seguirá com relação ao tipo de trabalho assumido, a abrangência e a performance alcançada."

Trabalho em equipe

O médium, conforme seu caráter, seu comportamento, seu comprometimento, seu exemplo, seu trabalho em equipe, sua postura, definirá junto a seus mentores o rumo e o alcance que os trabalhos do Centro irão tomar, juntamente com a conscientização da equipe de trabalhadores sobre a necessidade da disciplina, organização e foco. Com isso, teremos uma evolução também nos tipos de trabalhos que serão realizados, progredindo e se adaptando às necessidades atuais do nosso planeta. Toda essa maturidade e evolução dos espíritos encarnados estarão sendo monitoradas pelos mentores da casa. E, no plano espiritual, serão feitos os ajustes necessários com relação às falanges protetoras e às falanges socorristas que irão assegurar o equilíbrio dos trabalhos frente à quantidade e ao estado de espírito dos desencarnados que serão atraídos, trazidos no dia e hora estabelecidos pela Casa de Caridade Espírita, que terá o apoio da "visita" de espíritos iluminados – dirigentes do plano espiritual superior –, que virão verificar a evolução, o progresso, o equilíbrio, o potencial da casa, "trazendo" e acompanhando os novos trabalhos. Entretanto, como em todo lugar do Universo, evolução requer progresso, trabalho árduo para transpor obstáculos, remover barreiras cada vez maiores e proporcionais aos objetivos e compromissos assumidos pelo Centro.

O Centro, ao irradiar essa luz mais eficaz e abrangente, também atrairá a atenção das legiões dominadas pelos dragões do plano espiritual inferior, que enviarão seus "batedores" para verificar a importância desse Centro em franca evolução, e a necessidade de começar a "minar" as bases e alicerces dessa casa, começando um processo de obsessão coletiva contra os elos mais fracos dessa corrente de LUZ do Centro Espírita: seus médiuns, dirigentes, voluntários e colaboradores que, com suas fraquezas sendo aguçadas, suas limitações realçadas, suas paixões revividas, individualmente são presas fáceis desses espíritos, que têm o único propósito de enfraquecer, limitar e bloquear a Centelha de LUZ Divina irradiada por cada médium.

Daí a necessidade do trabalho em equipe dos colaboradores da casa, da humildade de cada um escutar e apoiar o outro, aconselhar nos momentos difíceis, apoiando um ao outro. Essa união, esse trabalho em equipe dos colaboradores com disciplina, assiduidade e comprometimento irá possibilitar o fortalecimento e a blindagem do Centro Espírita contra essas falanges das trevas.

Preparação dos médiuns

Nos dias de trabalho no Centro Espírita, a preparação dos médiuns é fundamental e imprescindível para entrarem na frequência dos seus guias e mentores e minimizarem as influências e perturbações decorrentes do dia a dia, que criam obstáculos para essa perfeita sintonia, dispendendo um tempo e esforço desnecessários para os mentores equilibrarem o ambiente.

Manter o asseio pessoal, com higiene física e mental; ter uma alimentação leve e saudável, não ingerindo bebidas alcoólicas ou medicamentos que alterem ou limitem suas funções psíquicas; usar roupas discretas e com pouco ou sem a utilização de perfumes, principalmente as mulheres. Os médiuns precisam entender que são "aparelhos" utilizados pelos seus guias e mentores espirituais, portanto devem estar à altura e em condições ideais para exercerem essa bênção de DEUS: a mediunidade.

Os médiuns, dirigentes e voluntários unidos no firme propósito de manter um ambiente propício para as práticas assumidas, irão encontrar o "caminho do meio" entre a espontaneidade excessiva e a disciplina radical – isso é imperativo para termos uma condição de trabalho compatível com as responsabilidades assumidas por todos os envolvidos, tanto na matéria quanto na espiritualidade.

"Para blindar os Centros Espíritas, os médiuns precisam primeiramente combater as suas trevas internas, para depois – juntos e unidos nos mesmos propósitos – combaterem as trevas externas."

"Separar o joio do trigo, como JESUS nos ensinou, é imprescindível, mas saber identificar o joio é fundamental. Conquistar a confiança e a credibilidade dos frequentadores dos Centros Espíritas é plantar a semente do trigo; impor a crença no espiritismo é plantar junto o joio."

O joio está presente na falta de disciplina; no ciúme; na inveja; nas competições destrutivas de uns contra os outros; na vaidade; na ganância; na arrogância; na falta de estudo da doutrina; na discórdia; na desorganização; nas disputas internas; na carência; no perigo dos relacionamentos extraconjugais; no orgulho; nas fraquezas, paixões e limitações de cada um de nós; nas dificuldades financeiras; na imprudência que desequilibra e abre, não apenas uma, mas várias "portas" para o ataque fulminante e impiedoso das trevas.

No perispírito de cada colaborador estão gravadas as "marcas" das faltas cometidas, das fraquezas não vencidas, dos erros nas encarnações anteriores, tornando cada indivíduo descuidado uma presa fácil para as legiões das trevas que, possuindo as informações necessárias, simplesmente facilitam, aceleram, otimizam os processos cármicos de cada um dos integrantes desatentos do Centro, minando os alicerces da instituição de caridade, "adubando e regando o joio".

Para os guias e mentores, através do plano espiritual, observar o desenrolar das "provas" individuais de cada membro da casa é uma verdadeira prova de perseverança, paciência, comprometimento, otimismo e AMOR, demovendo dia a dia as barreiras da invigilância criada pelos médiuns e colaboradores devido às suas atitudes, fraquezas e paixões.

A persistência dos guias e mentores das instituições espíritas de caridade é que possibilita a continuidade difícil e desafiadora dos trabalhos de desobsessão, doutrinação e esclarecimento, evangelização e estudo da doutrina, de cura e de caridade pura e sincera, que só ocorrem pelo estreito vínculo existente entre os guias, mentores e os médiuns, dirigentes, voluntários e colaboradores. Esses vínculos foram adquiridos nas inúmeras reencarnações anteriores, com as oportunidades de progresso espiritual que ocorrem continuamente de ambos os lados, onde, em algumas dessas "oportunidades" na matéria, já caminharam juntos, lado a lado, na marcha evolutiva dos seus espíritos.

"Ninguém cruza nosso caminho por acaso, e nós não entramos na vida de alguém sem nenhuma razão."
Francisco Cândido Xavier

Cabe a cada um de nós, espíritos em evolução que somos, independentemente de estarmos na matéria reencarnados ou na espiritualidade, combater com toda a nossa capacidade evolutiva adquirida, através de nossa vontade, concentração, intuição, disciplina e determinação, nossas fraquezas e limitações, nosso orgulho e vaidade, nossas tentações.

Para vencer nossas batalhas íntimas, contamos com o "Evangelho de Jesus", que, quando estudado, compreendido na sua essência e praticado com base em nosso progresso alcançado, nos deixa em condições de seguir adiante, independentemente do "terreno" que teremos à nossa frente, do tamanho dos "obstáculos" a serem transpostos e das "batalhas" a serem vencidas.

Com a prática da caridade – conforme Jesus nos ensinou –, e Mateus (VI: 5-8), Marcos, Lucas, nos escreveram

"Guardai-vos de fazer vossas boas ações (...) já receberam vossa recompensa (...)."

E em Marcos, capítulo XII, de 41 a 44 (...).

A caridade material é uma ajuda imediata, pontual e necessária, e pode ser fruto do vosso supérfluo ou de vossas economias e necessidades, variando, portanto, a quantidade de "créditos" adquiridos na "Escola da Vida" quando encarnados, dependendo também da forma como essa caridade é feita e com que desprendimento – o que é bem diferente da caridade pessoal. Nessa, estão sendo doados aos irmãos que cruzam vossos caminhos, vosso tempo, conselhos e aprendizados, frutos de vossos progressos e desenvolvimentos espirituais conquistados arduamente em vossa marcha evolutiva – essa caridade lhes proporcionam "créditos" maiores e duradouros.

Para um entendimento mais amplo, podemos citar um exemplo de ajuda dada:

"Um irmão necessitado acabara de cortar os pulsos, na tentativa desesperada e inconsequente de suicidar-se no banco de uma praça. Várias pessoas passaram por ele e não perceberam a situação ou não prestaram a ajuda necessária. Porém, um senhor, ao se deparar com essa cena, não hesitou em socorrer o desconhecido. Rasgou sua elegante camisa em tiras para estancar o sangue, parou um táxi e levou-o ao hospital mais próximo, arcando com todas as despesas do desconhecido, deixando-o aos cuidados dos médicos do hospital, para depois voltar ao trabalho com o grato sentimento de dever cumprido.

No entanto, no plano espiritual, ainda estava sendo travada uma 'batalha' entre os obsessores daquele irmão desesperado e seus espíritos familiares que arduamente tentavam neutralizar a influência negativa e perturbadora causada pelos obsessores, que, dominando os pensamentos do irmão necessitado, o deixavam em um estado catatônico, deitado no leito do hospital, com sua hemorragia estancada, mas não respondendo aos estímulos externos.

Nesse momento, entra no quarto uma equipe de quatro voluntários espíritas da seara de Jesus: uma senhora, uma moça e dois senhores. A senhora pergunta com toda a gentileza ao rapaz deitado se poderiam fazer uma prece e ministrar um passe no sentido de auxiliar em sua recuperação. Mas o jovem, imóvel, com os olhos abertos fixos no teto, nada respondia. A senhora, médium experiente e dedicada, intuída pelos seus mentores, percebeu as bandagens nos pulsos do rapaz e a bolsa de sangue sendo ministrada. Após a sincera prece junto com seus companheiros de caridade, pôde visualizar as entidades obsessoras enraivecidas que o cercavam. Foi aí que, com sua visão espiritual, a senhora pôde ver adentrar no recinto uma falange de índios que, de forma imperativa, retiraram os espíritos obsessores do local, possibilitando que de imediato os quatro trabalhadores da seara de Jesus pudessem ministrar o passe espiritual ao rapaz. E assim, como um bálsamo divino, foi curando as chagas espirituais daquele jovem que, sem entender bem o que estava acontecendo, pôde sentir que a paz, harmonia e equilíbrio tomavam conta do seu espírito. E após copioso choro, pôde finalmente conversar com aqueles estranhos que voluntariamente estavam praticando a caridade na sua essência, ajudando um irmão desconhecido e necessitado, seguindo o exemplo que JESUS, nosso mestre, nosso irmão de grande LUZ nos ensinou através do seu evangelho.

O rapaz, após receber alta do hospital, ansioso em sentir novamente aquela paz, aquele equilíbrio no seu espírito, começou a frequentar o centro espírita daqueles novos amigos, participando das palestras, dos trabalhos de desobsessão, das sessões de estudos, seguindo em frente na sua marcha evolutiva, mas agora com o entendimento e os esclarecimentos necessários para transpor seus obstáculos, colocados à sua frente como oportunidades de crescimento, progresso espiritual e resgates de dívidas passadas, nessa bênção de JESUS chamada reencarnação".

Com esse exemplo de obsessão intensa, podemos ter uma vaga ideia do dinamismo e interação entre o plano material e o plano espiritual, dos espíritos encarnados e desencarnados que interagem conscientes e inconscientes, levados pelas suas intuições nas "teias" da vida, ligados por ínfimos fios do pensamento, regidos pelas "Leis do Universo", que têm a finalidade de reger o progresso e a evolução de tudo e de todos – dos espíritos, das civilizações, dos planetas, das galáxias, do Universo.

"Devemos contabilizar os créditos e débitos adquiridos pelos nossos pensamentos e atitudes para, quando a conta chegar, possamos pagá-la."

É de extrema importância que toda atitude ou ato praticado sejam feitos com AMOR ou, como dizem, "de coração", com um pensamento de bondade, de tranquilidade e de equilíbrio. Caso contrário, os espíritas – independentemente de seu grau de sensibilidade, mediunidade – serão presas fáceis das legiões das trevas que, repetimos, se aproximam não como intrusos, mas sim como convidados, minando os alicerces dos Centros Espíritas, iniciando um processo de discórdia e desequilíbrio entre os integrantes da casa.

Cada dirigente e colaboradores são responsáveis em manter o ambiente da casa compatível com as expectativas dos trabalhos a serem realizados. Não basta organizar, limpar e reformar o local dos trabalhos. Concomitantemente, é preciso praticar a reforma e higienização de seus pensamentos e atitudes, cuidar de si e preparar-se espiritualmente para as responsabilidades assumidas, dando o exemplo de concentração, calma, equilíbrio e PAZ aos frequentadores. Muitos estão indo pela primeira vez e precisam ficar em sintonia com a frequência de ajuda e de cura do ambiente, pois, ao adentrarem o recinto, já estarão sendo tratados pelo plano espiritual e pelas falanges socorristas. Portanto, é fundamental que o ambiente esteja em harmonia com a espiritualidade. E o SILÊNCIO, que por si só já é uma prece, deve ser conquistado por meio das atitudes e postura dos colaboradores e dirigentes do centro, e não impor esse silêncio de forma ríspida e imperativa. Essa é uma responsabilidade de todos os trabalhadores do centro, logo a conquista do equilíbrio, harmonia, paz e silêncio no ambiente é diretamente proporcional ao êxito e à eficiência dos trabalhos assumidos pela casa.

Se o trabalhador naquele dia não se sentir apto a exercer suas funções e compromissos assumidos, tenha a humildade de se colocar como frequentador; caso contrário, pode se tornar um "elo fraco" nessa corrente de caridade, comprometendo sensivelmente os trabalhos.

"Não se enganem sobre as responsabilidades assumidas quando optaram em trabalhar na seara de nosso senhor JESUS CRISTO."

Para aqueles trabalhadores que acreditam não ter TEMPO para os compromissos assumidos devido aos afazeres do dia a dia, das dificuldades atuais impostas pela "vida moderna", como é comumente dito, pensem e reflitam sobre como estão usando o seu "tempo moderno". Quantas horas por dia são gastas na internet com smartphones, tablets, computadores? E quantas dessas horas são utilizadas para conversas construtivas e edificantes nas redes sociais e aplicativos? Quanto tempo é perdido na procura de notícias sobre "celebridades", seguir os padrões "modernos" para saber dos seus passos fúteis, vazios e solitários? Quantas horas por dia são desperdiçadas assistindo a programas de televisão que não acrescentam nada à formação de cada um de vocês, mas sim tentam modificar, camuflar, deturpar os valores e os bons costumes da FAMíLIA, tentando transformar uma realidade social pregressa e desajustada em normal? Quanto tempo perdido e que não volta mais!

Será que não conseguem se programar para disponibilizar o TEMPO NECESSáRIO para os trabalhos na seara do Senhor?

Trabalho esse que é uma bênção do plano espiritual superior para cada um de vocês, com o firme propósito de disponibilizar oportunidades e compromissos necessários e suficientes para o resgate de suas dívidas passadas, promovendo o progresso e o desenvolvimento dos seus espíritos em evolução permanente.

Portanto, não se trata de falta de tempo, mas sim de falta de comprometimento, falta de discernimento sobre o que é mais importante para o crescimento e desenvolvimento espiritual individual – falta compreensão da real responsabilidade assumida, falta reconhecimento das oportunidades que estão sendo dadas pelo plano espiritual superior para ressarcimento de suas dívidas passadas e fortalecimento dos seus espíritos para as reencarnações futuras.

Na verdade, a falta de tempo é do nosso planeta, que está evoluindo de um planeta de expiação para um planeta de regeneração. Nós, espíritos encarnados e desencarnados que estamos em processo de desenvolvimento espiritual nos limites do orbe terrestre, é que temos de nos sintonizar, progredir e evoluir com o nosso planeta. Caso contrário, não estaremos, como espíritos individuais que somos, em condições evolutivas e compatíveis com o nosso planeta. Como consequência, não estaremos em condições de reencarnar na nossa amada Terra e, como Adão e Eva, seremos "expulsos do nosso Paraíso", tendo que habitar (reencarnar) em um planeta em estágio evolutivo bem inferior ao nosso atual. E, novamente encarnados como "homens das cavernas", ajudar esse orbe a progredir e a evoluir. Quem sabe, inventar ferramentas de pedra e fazer fogo! E, novamente, teremos a oportunidade de resgatar dívidas passadas e readquirir as condições necessárias após um grande período de adaptação e EXPIAÇÃO, para ter uma nova oportunidade e o direito de retornar (reencarnar) na nossa amada TERRA.

"É a separação do joio do trigo, é o aprendizado e evolução pela dor e não pelo amor, é a escolha de cada um de nós."

Antonio Sergio Bianco

Jesus - O Cristo Consolador

Para falar sobre o *Cristo Consolador* e seus ensinamentos, como devemos seguir seus exemplos e sobre o potencial do seu amor e misericórdia divina, agindo por nós, espíritos em evolução que somos, acreditamos ser mais eficaz e elucidativo mencionar o *Sermão da Montanha*, em que Jesus, ao falar a uma multidão, pôde resumir, há mais de 2.000 anos, como devemos pensar e agir, como devem ser nossas atitudes e comportamento, como devemos transpor os obstáculos à nossa frente e seguir adiante na nossa marcha evolutiva.

Sermão da Montanha (Mateus V: 3 a 12)

"Bem-aventurados os pobres de espírito, porque deles é o Reino dos Céus!

Bem-aventurados os que choram, porque eles serão consolados!

Bem-aventurados os mansos, porque eles herdarão a Terra!

Bem-aventurados os que têm fome e sede de justiça, porque eles serão fartos!

Bem-aventurados os misericordiosos, porque eles alcançarão misericórdia.

Bem-aventurados os limpos de coração, porque eles verão a Deus!

Bem-aventurados os pacificadores, porque eles serão chamados filhos de Deus!

Bem-aventurados os que sofrem perseguição por causa da justiça, porque deles é o Reino dos Céus!

Bem-aventurados sois vós, quando vos injuriarem e perseguirem, e, mentindo, disserem todo o mal contra vós, por minha causa. Alegrai-vos, porque grande é o vosso mérito nos céus!

Sois o sal da terra; mas se o sal se tornar insípido, com que se há de salgar? Para nada mais presta, senão para se lançar fora e ser pisado pelos homens. (Mateus 5:13)

Sois a luz do mundo; não se pode esconder uma cidade edificada sobre um monte; nem se acende a candeia e se coloca debaixo do alqueire, mas no velador, e dá a luz a todos que estão na casa.
Assim resplandeça a vossa luz diante dos homens, para que vejam as vossas boas obras e glorifiquem o vosso Pai, que está nos céus. (Mateus 5:14)

Não penseis que vim destruir a lei ou os profetas; não vim destruir, mas cumprir. (Mateus 5:17)

Portanto, se trouxeres a tua oferta ao altar e aí te lembrares de que teu irmão tem alguma coisa contra ti, deixa ali diante do altar a tua oferta e vai reconciliar-te primeiro com teu irmão, e depois vem e apresente a tua oferta (Mateus 5:23-24)

Concilia-te com o teu adversário, enquanto estás no caminho com ele, para que não aconteça que o adversário te entregue ao juiz, e o juiz te entregue ao oficial, e te encerrem na prisão. (Mateus, 5:25)

Não cometerás adultério!
Eu, porém, vos digo que qualquer que atentar numa mulher para a cobiçar, já em seu coração cometeu adultério com ela.
Portanto, se teu olho direito te escandalizar, arranca-o e atira-o para longe de ti; pois é melhor que se perca um dos teus membros do que seja todo o teu corpo lançado no inferno. (Mateus, 5:27 a 29)

E se a tua mão direita te escandalizar, corta-a e atira-a longe de ti (...). (Mateus, 5:30)

Não perjurarás, mas cumprirás os teus juramentos ao Senhor!
Eu, porém, vos digo que, de maneira nenhuma, jureis; nem pelo céu, porque é o trono de Deus; nem pela Terra, porque é o estrado de teus pés (...); nem jurarás pela tua cabeça, porque não podes tornar um cabelo branco ou preto. (Mateus, 5:33 a 36)

Seja, porém, o vosso falar: sim, sim; não, não; porque o que passa disso é de procedência maligna. (Mateus, 5:37)

Ouvistes que foi dito:
Olho por olho e dente por dente.
Eu, porém, vos digo que não resistais ao mal; mas, se qualquer te bater na face direita, oferece-lhe também a outra.
E ao que quiser pleitear contigo e tirar-te a túnica, larga-lhe também a capa; e se qualquer te obrigar a caminhar um milha, vai com ele duas.
Dá a quem te pedir e não te desvies daquele que quiser que lhe emprestes. (Mateus, 5:38 a 42)

Amai a vosso próximo e aos inimigos também, bendizei os que vos maldizem, fazei bem aos que vos odeiam e orai pelos que vos maltratam e vos perseguem, para que sejais filhos do vosso Pai que está nos céus.
Porque faz que o seu sol se levante sobre maus e bons, e a chuva desça sobre justos e injustos.
Pois, se amardes os que vos amam, que prêmio tereis? (...)
E se saudardes unicamente os vossos irmãos, que fazeis de mais? (Mateus, 5:44 a 47)

Sede vós, pois, perfeitos como é perfeito o vosso Pai, que está nos céus. (Mateus, 5:48)

Guardai-vos de fazer a vossa esmola diante dos homens, para serdes vistos por eles; aliás, não tereis recompensa junto de vosso Pai, que está nos céus.

Quando, pois, deres esmola, não faças tocar trombeta diante de ti, como fazem os hipócritas (...), para serem glorificados pelos homens. Em verdade vos digo que já receberam o seu galardão.

Mas, quando tu deres esmola, não saiba a tua mão esquerda o que faz a tua direita.

Para que a tua esmola seja dada em secreto; e teu Pai, que vê em secreto, ele mesmo te reconpensará publicamente.

E quando orares, não sejas como os hipócritas; (...), e às esquinas das ruas, para serem vistos pelos homens. Em verdade vos digo que já receberam o seu galardão.

Mas tu, quando orares, entra no teu aposento e, fechando a tua porta, ora a teu Pai que está em secreto; e teu Pai, que vê em secreto, te recompensará publicamente.

E, orando, não useis de vãs repetições, como os gentios, que pensam que por muito falarem serão ouvidos.

Não vos assemelheis, pois, a eles; porque vosso Pai sabe o que vos é necessário, antes de vós lho pedirdes. (Mateus, 6:1-8)

Portanto, vós orareis assim (Mateus, 6:9-13):

**Pai nosso, que estás no céu
Santificado seja o teu nome
Venha a nós o teu reino de amor e bondade
Seja feita a tua vontade, assim na Terra como no céu
O pão nosso de cada dia, dai-nos hoje, Senhor
Perdoa as nossas ofensas, assim como devemos perdoar
os nossos ofensores
Não nos deixeis cair em tentação,
mas livra-nos de todo mal,
porque teu é o reino, o poder e a glória para sempre
Assim seja!**

Porque, se perdoardes aos homens as suas ofensas, também vosso Pai celestial vos perdoará a vós;

Se, porém, não perdoardes aos homens as suas ofensas, também vosso Pai vos não perdoará a vossas ofensas. E, quando jejuardes, não vos mostreis contristados como os hipócritas; porque desfiguram seus rostos, para que aos homens pareça que jejuam. Em verdade, vos digo que já receberam seu galardão.

Tu, porém, quando jejuares, unge a tua cabeça e lava o teu rosto;

Para não pareceres aos homens que jejuas, mas a teu Pai, que está em secreto; e teu Pai, que vê em secreto, te recompensará publicamente. (Mateus, 6:14-18)

Não ajunteis tesouros na terra, onde a traça e a ferrugem tudo consomem, e onde os ladrões minam e roubam;

Mas ajuntai tesouros no céu, onde nem a traça nem a ferrugem consomem, e onde os ladrões não minam nem roubam.

Porque onde estiver o vosso tesouro, aí estará também o vosso coração; preservai os tesouros do espírito.

A candeia do corpo são os olhos; de sorte que, se os teus olhos forem bons, todo o teu corpo terá luz;

Se, porém, os teus olhos forem maus, o teu corpo será tenebroso. Se, portanto, a luz que em ti há são trevas, quão grandes serão tais trevas! (Mateus, 6:19-23)

Ninguém pode servir a dois senhores; porque ou há de odiar um e amar o outro, ou se dedicará a um e desprezará o outro. Não podeis servir a Deus e a Mamom.
Por isso vos digo: não andeis cuidadosos quanto à vossa vida, pelo que haveis de comer ou pelo que haveis de beber; nem quanto ao vosso corpo, pelo que haveis de vestir. Não é a vida mais do que o mantimento, e o corpo mais do que o vestuário? (Mateus, 6:24-25)

Olhai as aves no céu, que nem semeiam, nem ceifam, nem ajuntam em celeiros; e vosso Pai celestial as alimenta. Não tendes vós muito mais valor do que elas?
E qual de vós poderá, com todos os seus cuidados, acrescentar um côvado a sua estatura?
E quanto ao vestuário, por que andais solícitos? (Mateus, 6:26-28)

Olhai para os lírios do campo, como eles crescem; não trabalham nem fiam.
E eu vos digo que nem mesmo Salomão, em toda a sua glória, se vestiu como qualquer deles.
Pois, se Deus assim veste a erva do campo, que hoje existe, e amanhã é lançada no forno, não vos vestirá muito mais a vós, homens de pouca fé?
Não andeis, pois, inquietos, dizendo: Que comeremos, ou que beberemos, ou com que nos vestiremos? (...)
Decerto vosso Pai celestial bem sabe que necessitais de todas essas coisas; (Mateus, 6:29-32)

Mas buscai primeiro o reino de Deus, e a sua justiça, e todas estas coisas vos serão acrescentadas.

Não vos inquieteis, pois, pelo dia de amanhã, porque o dia de amanhã cuidará de si mesmo. Basta a cada dia o seu mal. (Mateus 6:33-34)

Não julgueis vosso irmão, para que não sejais julgado. Porque com o juízo com que julgardes sereis julgado, e com a medida com que tiverdes medido vos hão de medir a vós.

E por que reparas tu no argueiro que está no olho do teu irmão, e não vês a trave que está no teu olho? (...)

Hipócrita, tira primeiro a trave do teu olho, e então cuidarás em tirar o argueiro do olho do teu irmão.

Não deis aos cães as coisas santas, nem lanceis aos porcos as vossas pérolas, para que não aconteça que as pisem com os pés e, voltando-se, vos despedacem. (Mateus 7:1-6)

Pedi e dar-se-vos-á. Buscai e acharás. Batei e abrir-se-vos-á.

Porque, aquele que pede, recebe; e, o que busca, encontra; e, ao que bate, abrir-se-lhe-á.

E qual dentre vós é o homem que, pedindo-lhe pão o seu filho, lhe dará uma pedra?

E, pedindo-lhe peixe, lhe dará uma serpente?

Se vós, pois, sendo maus, sabeis dar boas coisas aos vossos filhos, quanto mais vosso Pai, que está nos céus, dará bens aos que lhe pedirem?

Portanto, tudo o que vós quereis que os homens vos façam, fazei-lho também vós, porque esta é a lei e os profetas. (Mateus 7:7-12)

Entrai pela porta estreita; porque larga é a porta e espaçoso o caminho que conduz à perdição, e muitos são os que entram por ela;

E porque estreita é a porta, e apertado o caminho que leva à vida, e poucos há que a encontrem. (Mateus 7:13-14)

Acautelai-vos com os falsos profetas, que vêm até vós vestidos como ovelhas, mas, interiormente, são lobos devoradores.
Por seus frutos os conhecereis. Porventura colhem-se uvas dos espinheiros, ou figos dos abrolhos?
Assim, toda árvore boa produz bons frutos, e toda árvore má produz frutos maus.
Não pode a árvore boa dar maus frutos; nem a árvore má dar frutos bons.
Toda árvore que não dá bom fruto corta-se e lança-se no fogo. (Mateus 7:15-19)

Portanto, pelos seus frutos os conhecereis.
Nem todo o que me diz: Senhor, Senhor! entrará no reino dos céus, mas aquele que faz a vontade de meu Pai, que está nos céus.
Muitos me dirão naquele dia: Senhor, Senhor, não profetizamos nós em teu nome? E em teu nome não expulsamos demônios? E em teu nome não fizemos muitas maravilhas?
E então lhes direis abertamente: nunca vos conheci; apartai-vos de mim, vós que praticais a iniquidade.
Todo aquele, pois, que escuta estas minhas palavras, e as pratica, assemelhá-lo-ei ao homem prudente, que edificou a sua casa sobre a rocha;
E desceu a chuva, e correram rios, e assopraram ventos, e combateram aquela casa, e não caiu, porque estava edificada sobre a rocha.
E aquele que ouve estas minhas palavras, e não as cumpre, compará-lo-ei ao homem insensato, que edificou sua casa sobre a areia;
E desceu a chuva, e correram os rios, e assopraram os ventos, e combateram aquela casa, e caiu, e foi grande a sua queda.

E aconteceu que, concluindo Jesus este discurso, a multidão se admirou da sua doutrina;
Porquanto os ensinava como tendo autoridade; e não como os escribas. (Mateus 7:20-29)

Devemos seguir os exemplos, as palavras, os ensinamentos, os sermões de *Jesus, o Cristo Consolador*, para continuarmos na marcha evolutiva do nosso espírito – "o princípio inteligente do Universo" –, que é individual e eterno, que, quando ligado à matéria pelo "fluido universal", segue na sua encarnação, pondo o espírito em condições de enfrentar a sua parte na obra da criação, dando a inteligência ao corpo material, que em cada mundo, em harmonia com sua matéria essencial, para nele cumprir as ordens de DEUS, sofre todas as vicissitudes da existência corpórea, resgatando seus carmas e dívidas passadas, e, dessa maneira, concorrendo para a obra geral, também progride e evolui junto com o planeta que reencarnou.

"A ação dos seres corpóreos é necessária à marcha do Universo. Mas Deus, na sua sabedoria, quis que eles tivessem, nessa mesma ação, um meio de progredir e de se aproximarem Dele. É assim que, por uma lei admirável da sua providência, tudo se encadeia, tudo é solidário na natureza."

Allan Kardec, *O Livro dos Espíritos*, Cap. II - Da Encarnação dos Espíritos, questão 132.

Caros irmãos, espíritos em evolução e em desenvolvimento espiritual que somos, devemos buscar diariamente e incansavelmente vencer nosso maior inimigo, *vencer a nós mesmos*, com nossas fraquezas, nossas paixões, nossas limitações, nossas dúvidas, mas infelizmente estamos reincidindo em nossas falhas, pois somos "presas" fáceis das falanges das trevas, dias difíceis estão vindo, pois é chegada a hora de ser separado o "joio do trigo", portanto, não vamos nos enganar nem vamos desperdiçar mais o nosso precioso tempo e oportunidades, como o dr. Adolpho Frederick Yeperssoven (dr. Fritz) nos ensina sempre.

"Vamos alimentar os famintos, vestir os nus, levantar os caídos, visitar os presos, curar os doentes."

"Devemos organizar o passado, disciplinar o presente para gozarmos os merecimentos no futuro."

Assim estaremos aproveitando as oportunidades que **JESUS, o Cristo Consolador**, nos deu, para resgatarmos nossas dívidas de um passado distante, e seguirmos adiante, que a Luz do Divino Mestre ilumine nossos passos e guie nosso caminho na sua seara de amor e caridade.

Mentores e guias do IECIM

Dr. Adolpho
Dr. William
Dr. Napoleão
Scheilla
Cacique Pena Branca
Padre Leonardo Nunes - Mentor - IECIM Peruíbe
Padre José Maria - Mentor - IECIM Butantã
Suzana Dias - Mentora - IECIM Peruíbe

Os livros de Allan Kardec e Francisco Cândido Xavier são bênçãos de esclarecimento de Jesus para toda a humanidade e para aqueles que queiram construir suas casas sobre a rocha.

Bibliografia

ARMOND, Edgard. *Os Exilados da Capela*, Editora Aliança.

KARDEC, Allan. *O Livro dos Espíritos*, Editora Pensamento.

KARDEC, Allan. *O Livro dos Médiuns*, Editora Pensamento.

KARDEC, Allan. *O Evangelho segundo o Espiritismo*, Editora Pensamento.

RUIZ, André Luiz. *Os Rochedos São de Areia*, pelo espírito Lucius.

XAVIER, Francisco Cândido. *A Caminho da Luz*, pelo espírito Emmanuel, FEB.

XAVIER, Francisco Cândido. *Ação e Reação*, pelo espírito André Luiz, FEB.

XAVIER, Francisco Cândido. *Nosso Lar*, pelo espírito André Luiz, FEB.

XAVIER, Francisco Cândido. *Brasil, Coração do Mundo, Pátria do Evangelho*, FEB.

XAVIER, Francisco Cândido. *Alma e Coração*, pelo espírito Emmanuel.

XAVIER, Francisco Cândido. *Evolução em Dois Mundos*, pelo espírito André Luiz.

MATRIX

Quando eu usava duas chuquinhas no cabelo pré-frizz, deitada na cama de barriga pra baixo com as perninhas balançando, ouvi e li *Heidi, a menina dos Alpes*, na Coleção Disquinho. A história está longe de ser um conto de fadas, mas, por alguma razão, me interessou. Depois de ouvi-la repetidas vezes, me joguei na coleção inteira. *Alice no país das maravilhas, O mágico de Oz, João e o pé de feijão*, entre outros. Eu estava tão fascinada pelo mundo das histórias que, naquela tenra idade, decidi: "Um dia vou escrever um livro". Ruth Rocha, Ziraldo e Monteiro Lobato só botaram lenha na fogueira.

Corta pros dias de hoje. Com escova progressiva, sentada na minha cama, leio George Orwell e Marie Kondo (aquela da arrumação em rolinhos), Nelson Rodrigues e Julia Quinn (a saga picante dos Bridgertons), Luis Fernando Verissimo, Mário Prata, Martha Medeiros, Fernando Sabino, Clarice Lispector, Mia Couto, Isabel Allende, Tati Bernardi e por aí vai. O desejo de escrever um livro permaneceu.

Muita água rolou por debaixo da minha ponte e eu acabei pegando outro caminho. Continuei escrevendo, até porque sempre foi a forma de organizar minha cabeça, mas, cada vez mais, fui guardando esses escritos só pra mim. Eu vivia o conhecido medo de, de repente, descobrir que eu não tinha talento para o que mais amava. Muito antes de falarmos abertamente sobre a "síndrome do impostor", ela já rolava solta por aqui.

A pasta onde eu guardava os meus textos foi sendo renomeada: "Crônicas Bia" – "Textos Beatriz" – "Pessoal" – "Nada de mais" – "Não leia nem a pau" – "Não leia nem fod..."

No segundo semestre de 2019, só pra ver qual era, preenchi, num formulário, profissão: "escritora". Ao mesmo tempo que senti aquele frio na barriga de quem está fazendo algo errado, veio uma empolgação sem igual. Era a hora de abrir a pasta "Não leia nem por um caral..."

A essa altura, eu já tinha muitas histórias para contar. Minha luta com as questões psiquiátricas, a batalha contra o sobrepeso, casamento, maternidade e, ainda por cima, a quarentena. Um momento terrível, mas que gerou muito assunto. Então, me enchi de coragem e resolvi fazer da minha vulnerabilidade uma potencialidade. Neste livro, contei pra todo mundo que eu sou bipolar. Revelei que já fiz eletrochoque. Confessei que comia um McFlurry no carro, depois de deixar meu filho na escola. Coloquei cada lampejo de loucura e sanidade nestas páginas. Se eu conhecer alguém agora que me peça para contar um pouquinho sobre mim, é mais fácil dar o livro e dizer: "Tá tudo aí".

Levei um ano para escrevê-lo e um ano para vencer o medo de publicar. Revisei-o tantas vezes quantas roí as unhas. Se estava num mau dia, mudava trechos, cortava textos e ainda saía infeliz. Num bom dia, colocava tudo de volta e saía orgulhosa.

Este livro, além da concretização do desejo da menina encantada pela Heidi, a órfã pastorinha, é a minha estreia como escritora. Agora posso preencher formulários com a cabeça erguida e o coração tranquilo de quem está dizendo a verdade.

♡